MW01599981

ATLAS DES
OCÉANS

QUÉBEC AMÉRIQUE jeunesse

Données de catalogage avant publication (Canada)

Vedette principale au titre : Atlas des océans
(Atlas)
Comprend un index.
Pour les jeunes de 8 à 12 ans.
ISBN 2-7644-0817-X

1. Mer – Encyclopédies pour la jeunesse. 2. Océanographie – Atlas – Ouvrages pour la jeunesse. 3. Mer – Ouvrages illustrés. I. QA International (Firme). II.Collection : Atlas (Montréal, Québec).

GC21.5.A84 2004   j551.46   C2003-942201-1

L'*Atlas des océans* est une création de **QA Kids**,
une division de Les Éditions Québec Amérique inc.,
329, rue de la Commune Ouest, 3ᵉ étage
Montréal (Québec) H2Y 2E1 Canada
T 514.499.3000 **F** 514.499.3010
www.quebec-amerique.com

Nous reconnaissons l'aide financière du gouvernement du Canada par l'entremise du Programme d'aide au développement de l'industrie de l'édition (PADIÉ) pour nos activités d'édition.

Gouvernement du Québec – Programme de crédit d'impôt pour l'édition de livres – Gestion SODEC.

Les Éditions Québec Amérique bénéficient du Programme de subvention globale du Conseil des Arts du Canada. Elles tiennent également à remercier la SODEC pour son appui financier.

Imprimé et relié à Singapour.
10 9 8 7 6 5 4 3 2 1   08 07 06 05 04

Crédits photographiques :

Page 8, iguane marin : Eric et David Hosking/CORBIS/Magmaphoto.com **Page 9**, volcan Kilauea : James A. Sugar/CORBIS/Magmaphoto.com • tortue géante : Correl Cd rom • *moai* : Wolfgang Kaehler/CORBIS/Magmaphoto.com **Page 11**, Islande : Karl Grönvold • pirate : The Richard T. Rosenthal Collection • Tristan de Cunha : David Robinson **Page 12**, boutre : Nick Smyth; Cordaiy Photo Library Ltd.CORBIS/Magmaphoto.com **Page 13**, cœlacanthe : Juergen Schauer/JAGO-Team • lémur : Dr Anthony R. Picciolo, NOAA NODC • Piton de la Fournaise : Gallo Images/CORBIS/ Magmaphoto.com **Page 16**, trésor : Richard T. Nowitz/CORBIS/Magmaphoto.com **Page 17**, mer Méditerranée : AFP/CORBIS/Magmaphoto.com • mer Aral : Shepard Sherbell/CORBIS SABA/ Magmaphoto.com • mer de Chine méridionale : GeoStock /Getty Images • mer Morte : Ricki Rosen/ CORBIS SABA/Magmaphoto.com **Page 27**, Îles Aléoutiennes : Angus Wilson **Page 35**, mer des Antilles : Bob Krist/CORBIS/Magmaphoto.com **Page 55**, bathysphère : Ralph White/CORBIS/Magmaphoto.com **Page 59**, *Alvin* : ©R. Catanach, Woods Hole Oceanographic Institution **Page 60**, narval: Flip Nicklin/ Minden Pictures • morse : NOAA NODC **Page 61**, ours blanc : D. Robert & Lorri Franz/CORBIS/ Magmaphoto.com **Page 66**, loutre de mer : Galen Rowell/CORBIS/Magmaphoto.com **Page 67**, herbier : William Boyce/CORBIS /Magmaphoto.com **Page 76**, *Titanic* : Ralph White/CORBIS/ Magmaphoto.com **Page 78**, marais salant : James Marshall/CORBIS/Magmaphoto.com **Page 79**, ferme marine : Hans Georg Roth/CORBIS /Magmaphoto.com • algues : Michael S. Lewis/CORBIS/ Magmaphoto.com **Page 80**, nodules : JAMSTEC • éponges : Dave G. Houser/CORBIS/ Magmaphoto.com **Page 81**, corail mou : J.G. Harmelin, Centre d'Océanologie de Marseille, France **Page 83**, éolienne : Paul A. Souders /CORBIS/Magmaphoto.com **Page 87**, grand pingouin : Academy of Natural Sciences of Philadelphia /CORBIS /Magmaphoto.com • corail blanc : Stephen Frink/ CORBIS/Magmaphoto.com

---

Éditrice
Caroline Fortin

Directrice éditoriale
Martine Podesto

Rédactrice en chef
Marie-Anne Legault

Rédactrice
Anne Dupuis

Designer graphique
Josée Noiseux

Mise en pages
Jean-François Nault

Directrice artistique
Anouk Noël

Illustrateurs

Carl Pelletier	Raymond Martin
Rielle Lévesque	Claude Thivierge
Danielle Lemay	François Escalmel
Jocelyn Gardner	Marie-Andrée Lemieux

Documentalistes photos
Nathalie Gignac
Fernand Chevalot

Réviseure-correctrice
Diane Martin

Océanographe
Serge Lepage

Abréviations

mm	=	millimètre
cm	=	centimètre
m	=	mètre
km	=	kilomètre
km²	=	kilomètre carré
km/h	=	kilomètre à l'heure
sec	=	seconde

Table de conversion

Métrique	Impérial
1 cm	0,4 pouce
1 m	3,28 pieds
1 km	0,62 mille
10 km	6,21 milles
100 km	62,14 milles

Table des matières

Portrait d'océans

Chaque océan, chaque mer de notre planète possède un visage et un caractère uniques. Si l'océan Pacifique semble perpétuellement agité, l'océan Atlantique, de son côté, est occupé par un important trafic maritime. L'océan Indien se fait chauffer sous le soleil des Tropiques, tandis que les océans polaires restent de glace... Certaines mers et certains océans s'étendent à perte de vue, alors que d'autres se laissent embrasser étroitement par les terres...

Une Terre d'eau

L'océan est essentiel à notre survie. Dans ses eaux flotte une quantité astronomique de plantes minuscules qui produisent de l'oxygène, ce gaz précieux que respirent tous les êtres vivants. Mais il y a plus… L'océan règle le climat de notre planète. Ses grands courants chauds et froids réchauffent ou rafraîchissent des régions entières. Chaque jour, une énorme quantité d'eau s'évapore de sa surface et retombe en précipitations de pluie ou de neige sur différentes parties du globe. De plus, tel un gigantesque réservoir de chaleur, l'océan emmagasine le trop-plein de rayons solaires. Sans lui, les tropiques seraient brûlants !

Caché dans les profondeurs de l'océan, un univers fascinant échappe à nos yeux… Des montagnes se dressent ici et là, des failles creusent de profondes vallées, des volcans explosent et une variété impressionnante d'animaux de toutes sortes s'agitent. S'élevant du fond marin jusqu'à la surface, des îles et des continents découpent le gigantesque océan planétaire, créant ainsi cinq océans distincts et des dizaines de mers.

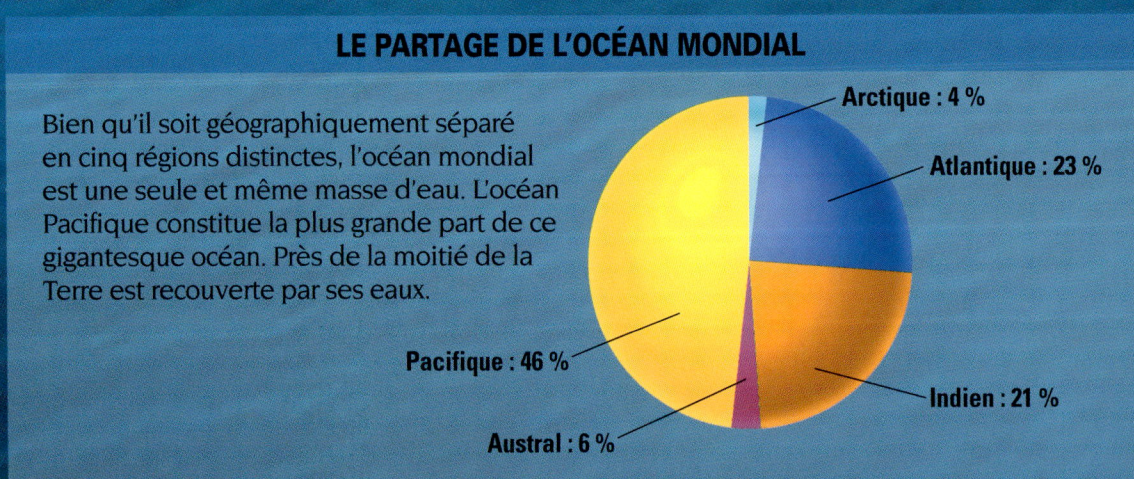

LE PARTAGE DE L'OCÉAN MONDIAL

Bien qu'il soit géographiquement séparé en cinq régions distinctes, l'océan mondial est une seule et même masse d'eau. L'océan Pacifique constitue la plus grande part de ce gigantesque océan. Près de la moitié de la Terre est recouverte par ses eaux.

Arctique : 4 %

Atlantique : 23 %

Indien : 21 %

Austral : 6 %

Pacifique : 46 %

Des montagnes qui n'en finissent plus

Le record de la plus longue chaîne de montagnes du monde appartient à la dorsale médio-océanique. Cette chaîne de montagnes sous-marine traverse presque tous les océans du globe. S'étendant sur 64 372 km, elle est quatre fois plus longue que les Andes, les Rocheuses et l'Himalaya réunis!

Mer ou océan ?
Une mer est une parcelle d'océan, partiellement ou complètement entourée de terres. Certaines mers sont reliées à l'océan par de courts passages nommés détroits.

LES OCÉANS ET LES MERS DU MONDE

Océan Arctique

Amérique du Nord

Europe

Asie

Océan Atlantique

Afrique

Océan Pacifique

Amérique du Sud

Océan Indien

Océanie

Océan Austral

Antarctique

Un océan mal nommé

Lorsque le navigateur portugais Magellan traversa le vaste océan situé entre l'Asie, l'Amérique et l'Océanie en 1520, il le trouva si calme qu'il le baptisa « Pacifique », ce qui signifie paisible, ou tranquille. Pourtant, avec ses 300 volcans actifs, ses redoutables tempêtes tropicales, ses puissants tremblements de terre et les plus hautes vagues du monde, le Pacifique est, sans contredit, le plus violent de tous les océans ! À environ 4 000 mètres (en moyenne) au-dessous du niveau de la mer, son plancher océanique présente une surface accidentée, sillonnée de fosses extrêmement profondes et de longues chaînes montagneuses. Les plus hautes d'entre elles pointent leur sommet à la surface et forment une multitude d'îles et d'îlots. L'océan Pacifique est de loin le plus grand des océans. Il contient la moitié de toute l'eau de la planète et couvre près d'un tiers de sa surface. La diversité des courants et des climats du Pacifique favorise la présence d'une faune marine d'une richesse époustouflante, de l'immense baleine bleue des eaux froides du Pacifique Nord jusqu'aux coraux colorés des eaux tropicales australiennes.

Une colonisation audacieuse

Malgré leur isolement, les îles du Pacifique ont été rapidement colonisées par diverses formes de vie. Les graines des plantes sont arrivées de loin, sous les pattes des oiseaux, emportées par le vent ou poussées par les courants marins. Certains reptiles ont dérivé en mer sur des débris flottants. Les insectes ont été transportés sur de longues distances par les tempêtes tropicales. Les premiers humains ont émigré, croit-on, d'Asie du Sud-Est en voyageant sur d'ingénieux voiliers de bois. Ces audacieux navigateurs observaient la forme des vagues ou le vol des oiseaux pour se guider d'une île à l'autre.

Iguane marin, îles Galápagos

Asie

Le volcan Kilauea à Hawaii
Les îles d'Hawaii forment le 50ᵉ État américain. Constitué de 132 îles, ce paradis du surf et de la plongée sous-marine est un véritable bijou pour les volcanologues. Dans la partie sud de l'archipel, le volcan Kilauea peut être observé sans danger, même s'il est parmi les plus actifs du monde. La lave s'écoule sans arrêt du Kilauea depuis 1983 !

Japon

La plus haute montagne du monde

Le plus gros volcan de la terre est le Mauna Kea, situé sur la plus grande île d'Hawaii. Son sommet atteint 4 205 m d'altitude. Mais si l'on y ajoute ses 5 000 m cachés sous l'eau, ce géant mesure au total près de 9 200 m. Il l'emporte donc sur l'Everest par 350 m !

Amérique du Nord

 Hawaii

Les tortues géantes des îles Galápagos
Composées de 13 îles et de 17 îlots, les îles Galápagos abritent une faune et une flore uniques au monde. Les iguanes marins, seuls lézards aquatiques connus, habitent ses côtes, de même que les célèbres tortues géantes. Certaines tortues sont âgées de plus de 150 ans !

Papouasie Nouvelle-Guinée

Îles Salomon

Îles Galápagos

Océan Pacifique

Amérique du Sud

Vanuatu

Fidji

Nouvelle-Calédonie

Île de Pâques

Australie

Océanie

Nouvelle-Zélande

Les *moai* de l'île de Pâques
Lorsqu'il découvrit l'île le jour de Pâques 1722, le navigateur hollandais Roggeveen y trouva de grandes et mystérieuses statues, sculptées dans la roche volcanique. Nous savons peu de choses de la civilisation qui a érigé ces statues sur l'île de Pâques. Les archéologues cherchent toujours la signification de ces 887 géants de pierre, ou *moai*, dont le plus grand s'élève jusqu'à 21 m de haut (l'équivalent d'un immeuble de sept étages).

Des eaux très fréquentées

L'Atlantique tire son nom de l'Atlantide, une île légendaire qui aurait disparu tragiquement sous ses eaux il y a des siècles, entraînant avec elle une civilisation fabuleuse. Deux fois plus petit que le Pacifique, l'Atlantique est tout de même le deuxième océan en superficie. Il forme un gigantesque « S » entre l'Europe, l'Afrique et l'Amérique. L'océan est pratiquement dépourvu d'îles, mais sous sa surface monotone, la vie abonde ! Des morues, des harengs, des sardines, des merlus et plusieurs autres poissons s'y déplacent en gigantesques bancs. On peut y pêcher des millions de tonnes de poissons chaque année, ce qui en fait l'une des zones de pêche les plus riches du monde ! L'Atlantique accueille un trafic maritime intense. Des bateaux de pêche, mais aussi des pétroliers, des cargos et des paquebots le sillonnent constamment.

Entre l'Ancien et le Nouveau Monde
Pendant des siècles, les Européens ignoraient l'existence d'un continent situé de l'autre côté de l'Atlantique. Vers l'an 1000, les Vikings sont parmi les premiers à atteindre l'Amérique en utilisant leurs immenses drakkars, des navires à rames et à voiles carrées. Christophe Colomb découvre à son tour le continent en 1492, inaugurant une ère d'exploration et de commerce transatlantique. Au fil des siècles, des millions d'Européens à bord de gigantesques paquebots partent vers le Nouveau Monde dans l'espoir d'une vie meilleure. De nos jours, les nombreux cargos remplis de marchandises tendent à remplacer les grands paquebots transportant des passagers.

Groenland

Islande

Islande
Les volcans peuvent être une source de terreur, mais les habitants de l'Islande ont appris à tirer profit des centaines de volcans actifs sur leur île nordique. Ainsi, ils utilisent l'immense réservoir de chaleur situé sous leurs pieds pour le chauffage de leurs maisons.

Europe

Amérique du Nord

Océan Atlantique

Mer des Sargasses

Golfe du Mexique

Antilles

Île de la Tortue

Afrique

Mer des Antilles

Cap-Vert

Les pirates de l'île de la Tortue
Entre 1630 et 1660, l'île de la Tortue fut un véritable repaire de pirates. Son emplacement, à 10 km au nord d'Haïti au centre de la mer des Antilles, était idéal pour se lancer à l'attaque des navires espagnols revenant du Nouveau Monde, la cale remplie d'or.

Sainte-Hélène

Un long voyage

Les anguilles américaines et européennes naissent dans les eaux chaudes de la mer des Sargasses, au milieu de l'Atlantique. Quand elles sont encore toutes petites, elles dérivent vers le nord avec les courants. Au bout de deux longues années, elles atteignent les fleuves d'Amérique du Nord ou d'Europe, à des milliers de kilomètres de leur lieu de naissance. À la fin de leur vie, les anguilles recommencent leur migration spectaculaire et retournent dans la mer des Sargasses pour s'accoupler, pondre leurs œufs et mourir.

Amérique du Sud

Tristan de Cunha

Tristan de Cunha
Tristan de Cunha est l'un des endroits les plus isolés du reste du monde. Les plus proches voisins de ses quelque 300 résidents vivent à 2 334 km de là, sur l'île Sainte-Hélène. En 1961, une éruption volcanique força tous les habitants de l'île à fuir et aller vivre ailleurs. Malgré tout, deux ans plus tard, ils choisissaient presque tous de retourner chez eux.

Confort tropical

Situé entre l'Afrique et l'Océanie, l'océan Indien tire son nom de l'Inde, pays qu'il embrasse de part et d'autre. Troisième océan en superficie, il profite d'un climat tropical confortable qui réchauffe ses eaux, les plus chaudes du monde. Il est aussi bercé par la mousson, un vent qui change de direction selon que la saison est sèche ou humide. Phénomène particulier à l'océan Indien, la mousson provoque ainsi deux fois par année une inversion des courants marins. Cet océan exotique baigne des paysages paradisiaques : îles vierges aux plages de sable blanc, lagons turquoise entourés de coraux multicolores et forêts de palétuviers dont les hautes racines poussent sous l'eau. L'océan Indien abrite une faune unique aux couleurs vives. Des créatures éclatantes telles que les poissons-clowns, les poissons-papillons et les poissons-perroquets se faufilent parmi des coraux tout aussi spectaculaires.

Attention, c'est chaud !

Le golfe Persique et la mer Rouge, situés dans l'océan Indien, renferment les eaux les plus chaudes du globe. En été, dans le golfe Persique, la température en surface peut atteindre 38 °C, l'équivalent d'un bain à remous. Dans la mer Rouge, l'activité volcanique au fond de l'eau fait grimper la température, qui peut frôler les 56 °C à 2 000 m de profondeur. À cette température, l'eau peut causer des brûlures du troisième degré aux humains en quelques secondes seulement !

Le vent dans les voiles

Les boutres sont d'élégants bateaux à voile qui voguent depuis des milliers d'années sur l'océan Indien. Les Africains, les Arabes et les Indiens ont longtemps utilisé ces voiliers pour commercer entre eux, tirant même profit des virevoltes de la mousson. Lorsque les vents et les courants se dirigeaient vers l'ouest, les marchands indiens mettaient le cap sur le Moyen-Orient et l'Afrique, leurs boutres chargés de bois, de riz et d'épices. La saison suivante, lorsque les vents et les courants faisaient volte-face, les Africains naviguaient à leur tour vers le Moyen-Orient et l'Inde en transportant or, ivoire d'éléphant et esclaves. Aujourd'hui, quelques boutres traditionnels parcourent toujours l'océan Indien.

Asie

Inde

Mer d'Oman

Afrique

Golfe du Bengale

Golfe Persique

Mer Rouge

Maldives

Sri Lanka

Comores

Seychelles

Océan Indien

Madagascar

Maurice

La Réunion

Océanie

Le cœlacanthe des Comores

L'archipel des Comores compte quatre principales îles. Ses eaux abritent le cœlacanthe, un poisson datant de la préhistoire. Le cœlacanthe est considéré comme l'un des premiers vertébrés (animaux qui possèdent une colonne vertébrale). Il était connu depuis longtemps sous forme de fossile par les scientifiques et ceux-ci le croyaient disparu depuis des millions d'années… jusqu'à ce qu'on en retrouve un vivant en 1938 !

Le lémur de Madagascar

Madagascar est la quatrième île du monde en superficie, si l'on exclut l'Australie. Elle abrite des plantes et des animaux uniques au monde. Sur cette île gigantesque, quatre espèces sur cinq sont endémiques, ce qui signifie qu'on ne les trouve nulle part ailleurs. Parmi ces animaux rares se trouve un groupe de primates appelés lémuriens.

Le piton de la Fournaise sur La Réunion

Le piton de la Fournaise, un volcan situé sur l'île de La Réunion, est l'un des plus grands et des plus actifs du monde. Depuis un siècle, il s'est réveillé plus d'une centaine de fois ! Ses laves abondantes, qui descendent souvent jusqu'à l'océan, se solidifient et agrandissent l'île à chaque nouvelle éruption.

Les océans glacés

Deux océans exceptionnels s'étendent dans les zones les plus froides du globe : l'Arctique au pôle Nord et l'océan Austral au pôle Sud. Avec des températures glaciales rarement au-dessus de 0 °C, des vents violents qui peuvent engendrer des vagues gigantesques et de dangereux icebergs, ces océans sont le cauchemar des marins. Chaque hiver, en raison de l'inclinaison de notre planète, le pôle opposé au Soleil est plongé dans l'obscurité 24 heures sur 24. Le froid s'intensifie et des couches de glaces flottantes se forment puis se soudent pour créer une banquise qui recouvre peu à peu l'océan polaire. Malgré ces conditions extrêmes, les deux océans glaciaux regorgent de vie et il arrive que des humains, qui n'ont pas froid aux yeux, s'y aventurent…

L'océan Arctique
Situé à l'extrémité nord de notre planète, l'océan Arctique est le plus petit et le moins profond des océans. Il est encerclé par l'Amérique du Nord, l'Europe et l'Asie et recouvert d'une banquise flottante qui ne fond jamais complètement. Au printemps, cette banquise, épaisse de deux à trois mètres, s'amincit et se fissure. D'immenses plaques de glace s'éloignent alors les unes des autres, créant des rivières et même des lacs.

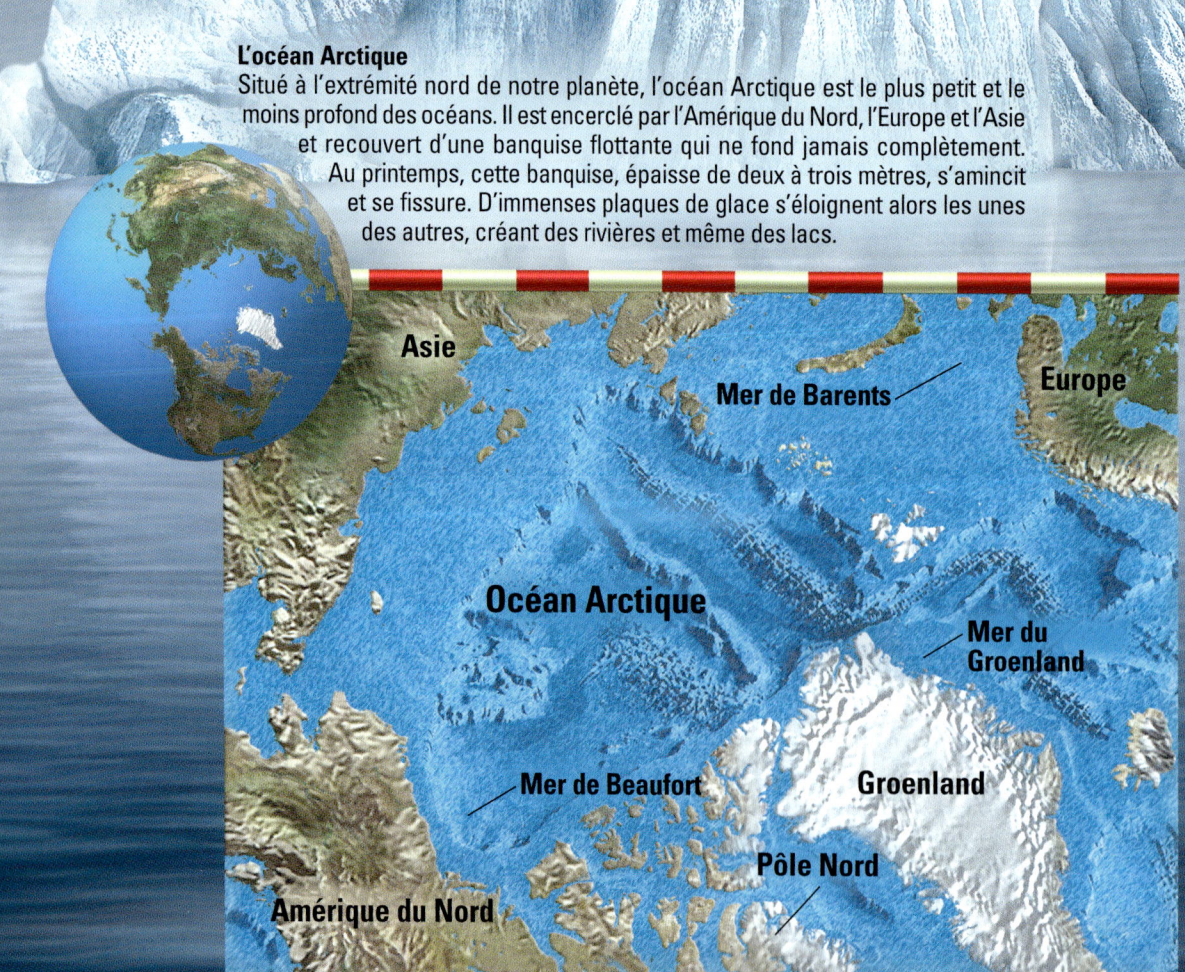

Asie

Mer de Barents

Europe

Océan Arctique

Mer du Groenland

Mer de Beaufort

Groenland

Pôle Nord

Amérique du Nord

L'océan Austral

Situé à l'extrémité sud de la Terre, l'océan Austral entoure l'Antarctique. Ses courants tournent autour du continent comme une gigantesque hélice, propulsant d'énormes quantités d'eau froide dans les autres océans. Ces courants déchaînés refroidissent les eaux tropicales et jouent un grand rôle dans l'équilibre climatique de la Terre. L'océan Antarctique est aussi célèbre pour ses vents redoutables, dont la vitesse atteint parfois plus de 300 km/h.

Océanie

Océan Austral

Baie de Mackenzie —   — Mer de Ross

    — Pôle Sud

Antarctique

Mer de Weddell

Afrique   Amérique du Sud

Les icebergs

Les icebergs sont de gigantesques blocs de glace qui se détachent des glaciers et tombent à l'eau. Chaque année, des dizaines de milliers d'icebergs partent ainsi à la dérive. Seule une minuscule portion de l'iceberg pointe hors de l'eau ; la partie cachée sous l'océan est sept fois plus grosse ! Certains de ces châteaux de glace peuvent voguer pendant 10 ans avant de disparaître sous l'action du soleil, du vent et des vagues.

Les grands explorateurs de l'Arctique

Il y a des milliers d'années, les Inuits ont commencé à explorer l'Arctique à bord de leurs kayaks. À la fin du XVe siècle, des navigateurs européens ont cherché un passage à travers l'Arctique pour relier rapidement l'Atlantique et le Pacifique, mais leurs navires restaient emprisonnés dans la banquise. Ce n'est qu'en 1905 que le Norvégien Roald Amundsen a réussi l'exploit. En 1958, le *Nautilus* a été le premier sous-marin à traverser l'Arctique sous la glace.

Géants de glace

Le record du plus gros iceberg appartient à un géant de glace qui mesurait 295 km de long sur 37 km de large, soit l'équivalent de la superficie d'une île comme la Jamaïque ! Les scientifiques cherchent des moyens de récupérer l'eau stockée dans les immenses icebergs de l'Antarctique. Chaque année, l'océan Austral produit assez d'icebergs pour fournir en eau potable la moitié de l'humanité !

Petits lopins d'océan

Les mers sont des parcelles d'océan entourées en partie ou complètement par des continents. Il existe trois types de mer. Les mers bordières, comme la mer du Nord, s'ouvrent largement sur l'océan. Les mers intérieures, telles que la Méditerranée, communiquent avec l'océan par un étroit passage. Les mers fermées, comme la mer Caspienne, n'ont aucun contact avec l'océan puisqu'elles sont situées à l'intérieur d'un continent. Ce sont de gigantesques lacs d'eau salée. Il existe 54 mers sur la planète et certaines d'entre elles ont des particularités uniques.

Baie d'Hudson

Mer de Béring

Amérique du Nord

Golfe du Mexique

Mer des Antilles

Amérique du S

Océan Pacifique

Un véritable déluge

La mer Noire était autrefois un petit lac d'eau douce. Il y a environ 7 500 ans, le niveau d'eau de la mer Méditerranée augmenta, perçant une brèche jusqu'au petit lac où elle déversa de gigantesques masses d'eau avec une force supérieure à celle des chutes Niagara. En un an, les riverains ont vu leur lac devenir une mer et leurs villages inondés sous près de 150 m d'eau, soit l'équivalent aujourd'hui d'un gratte-ciel de 50 étages !

Mer des Antilles
La mer des Antilles est le paradis des chercheurs de trésors ! De nombreux navires qui ont quitté les Amériques chargés d'or et de pierres précieuses ont coulé dans ses eaux. Le *Maravilla*, un navire espagnol qui a fait naufrage en 1655, a été découvert en 1987 par des plongeurs amateurs. Dans sa coque se cachait un trésor estimé à six milliards de dollars !

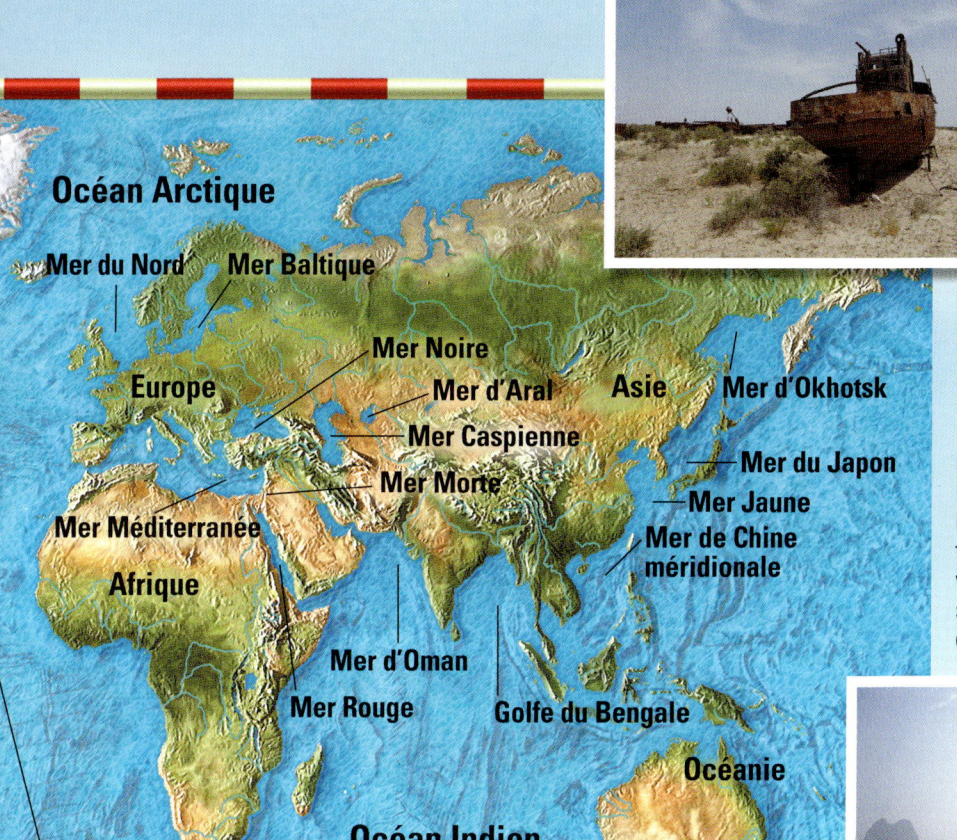

Océan Arctique

Mer du Nord   Mer Baltique

Mer Noire

Europe   Mer d'Aral   Asie   Mer d'Okhotsk

Mer Caspienne

Mer Morte   Mer du Japon

Mer Jaune

Mer Méditerranée   Mer de Chine
méridionale

Afrique

Mer d'Oman

Mer Rouge   Golfe du Bengale

Océanie

Océan Indien

Océan Atlantique

Océan Austral

Mer d'Aral

Les fleuves d'eau douce qui se jetaient autrefois dans la mer d'Aral ont été détournés pour arroser des terres agricoles. Depuis la fin des années 50, cette mer a ainsi été vidée de 75 % de son eau et a tellement rétréci que des villes autrefois situées près de ses côtes s'en trouvent maintenant à plusieurs kilomètres. Le manque d'eau douce a provoqué une augmentation de la concentration de sel dans la mer, au point que la vie aquatique, autrefois abondante, s'éteint à une vitesse affolante.

Mer de Chine méridionale

Des milliers d'îles de pierre calcaire surgissent de la mer de Chine méridionale, telles de véritables tours. Certaines sont si escarpées que même la végétation ne réussit pas à s'y agripper. Ce paysage spectaculaire est le résultat d'un long processus d'érosion par l'eau.

Mer Méditerranée

Entourée par l'Europe, l'Afrique et le Moyen-Orient, la mer Méditerranée a été le lieu de rencontre des grandes civilisations du monde. Des villes historiques égyptiennes, grecques et romaines abondent sur ses rives… et sous l'eau ! En effet, avec le temps, plus de 1 000 cités antiques ont été englouties par la Méditerranée.

Mer Morte

La mer Morte est la plus salée de toutes les mers. L'énorme quantité de sel dans l'eau empêche toute forme de vie aquatique, d'où le nom donné à cette mer. L'eau dense de la mer Morte, épaissie par le sel, permet aux baigneurs de flotter sans aucun effort !

Visages côtiers

Plages de sable ou de galets, falaises majestueuses, petites lagunes aux eaux calmes… La terre et la mer se rencontrent dans un décor partout différent. Le littoral est une zone où la terre et la mer ont une profonde influence l'une sur l'autre, où elles développent des habitats souvent très riches pour les plantes et les animaux. Le littoral est toujours en mouvement : parfois, la mer engloutit des portions de terre, mais parfois aussi, c'est la terre qui s'étend et avance dans la mer.

Le peuplement de l'Amérique

Plusieurs historiens croient que les ancêtres des Amérindiens sont venus d'Asie… à pied ! Il y a 13 000 ans, le niveau des océans était plus bas qu'aujourd'hui. Le détroit de Béring, qui sépare la Sibérie et l'Alaska par un peu plus de 80 km, était à sec. Des animaux comme les caribous auraient traversé vers l'est cette étroite bande de terre, suivis des humains qui les chassaient. Quelques milliers d'années plus tard, le niveau d'eau des océans remonta et inonda le détroit, isolant l'Amérique et ses nouveaux habitants.

La Louisiane s'agrandit !

Mesurant 400 km de largeur et s'étendant sur 200 km du nord au sud, le delta du Mississippi en Louisiane est immense… et ne cesse de s'agrandir. En effet, les masses énormes de boue et de vase transportées par ce puissant fleuve se déposent et s'accumulent à son embouchure, dans le golfe du Mexique. La Louisiane gagne ainsi du terrain sur la mer, s'agrandissant jusqu'à 20 m par année à certains endroits !

TYPES DE CÔTES

Delta

Un delta est une vaste plaine en forme de triangle qui se développe à l'endroit où un fleuve débouche sur l'océan. Le fleuve Mississippi, en Amérique du Nord, et le Nil, en Afrique, forment des deltas.

Estuaire

Un estuaire est l'endroit où un fleuve s'élargit et et se jette dans l'eau salée. Le fleuve Saint-Laurent, en Amérique du Nord, forme un estuaire avant de rejoindre l'océan Atlantique.

Lagune

Une lagune est une petite étendue d'eau salée presque complètement séparée de la mer par un mince bras de sable ou un récif de corail. Parmi les lagunes les plus célèbres du monde se trouve celle de Venise, en Italie.

Ria

Une ria, telle que la ria Formosa au Portugal, est une baie peu profonde qui s'étend à l'intérieur d'un continent. Elle est créée lorsqu'une vallée est inondée par la montée du niveau de l'eau.

Fjord

Un fjord est une profonde et étroite vallée en forme de « U » envahie par l'eau. Il est formé par le mouvement des glaciers. Les fjords sont particuliers aux pays nordiques tels que la Norvège.

Falaise

Une falaise est un haut mur de pierre qui plonge dans la mer. Certaines falaises d'Hawaii ont une hauteur de plus de 900 m !

Au fond de l'océan

L'océan cache sous son immense étendue d'eau des reliefs spectaculaires ! Des montagnes gigantesques, des vallées profondes et de vastes plaines tapissent le fond de l'océan. Très lentement, le plancher sous-marin bouge. Il donne ainsi naissance à une multitude de volcans et d'îles et ramène à la surface des empreintes du passé...

Paysages sous-marins

Les océans, qui s'étendent à perte de vue, cachent des paysages sous-marins stupéfiants ! Tout comme les continents, les fonds océaniques sont parcourus de plaines et de vallées, de montagnes et de canyons. Leurs dimensions sont phénoménales ! Les montagnes sous-marines forment des chaînes qui parcourent des milliers de kilomètres, les fosses profondes pourraient engloutir les plus hauts sommets de la Terre et les vastes plaines semblent s'étendre à l'infini… L'océan cache aussi des milliers de volcans, plus nombreux encore que ceux des continents. Lorsqu'ils sont complètement submergés, on les appelle monts sous-marins. Lorsque leur sommet est si haut qu'il perce la surface de l'eau, ils forment des îles.

LA FOSSE DES MARIANNES

La fosse des Mariannes, située au fond de l'océan Pacifique, est le point le plus profond du globe. Cette fosse s'enfonce jusqu'à 11 034 m sous la surface de l'eau. Elle est au moins deux fois plus profonde que n'importe quel canyon situé sur la terre ferme.

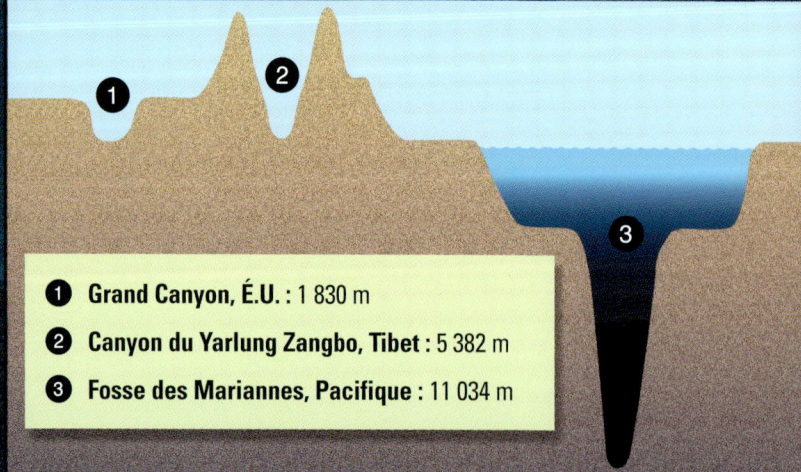

❶ Grand Canyon, É.U. : 1 830 m

❷ Canyon du Yarlung Zangbo, Tibet : 5 382 m

❸ Fosse des Mariannes, Pacifique : 11 034 m

LE FOND MARIN

Talus continental
Le talus continental forme une pente abrupte à la fin du plateau continental.

Plateau continental
Le plateau continental représente la partie du continent qui se prolonge en pente douce sous la mer.

Plaine abyssale
La plaine abyssale est une vaste étendue plate et lisse qui commence au pied du talus continental.

Mont sous-marin
Un mont sous-marin est une montagne entièrement submergée.

Canyon sous-marin
Un canyon sous-marin est une vallée étroite et profonde se formant à l'endroit où un fleuve se déverse dans l'océan.

Guyot
Un guyot est un mont sous-marin au sommet plat.

Arc insulaire
Un arc insulaire est une rangée d'îles volcaniques.

Dorsale océanique
La dorsale océanique est une chaîne de montagnes sous-marines située de part et d'autre d'une longue et profonde fissure dans le plancher océanique.

Fosse océanique
Une fosse océanique est une profonde vallée en forme de « V » qui découpe la plaine abyssale.

Au plus profond des abysses !

La fosse des Mariannes est si profonde qu'une boule de fer d'environ 1 kg jetée d'un bateau tomberait pendant près d'une heure avant d'atteindre le fond.

Une Terre en mouvement

Tel un gigantesque puzzle, la croûte de notre planète est découpée en une douzaine de morceaux appelés plaques lithosphériques. Les plaques flottent sur le magma, épaisse couche de roches molles et brûlantes qu'on trouve au centre de la Terre. Entraînées par les mouvements du magma, les plaques lithosphériques bougent, se rencontrent et se frottent. La collision entre les plaques provoque des tremblements de terre parfois gigantesques. Dans l'océan, ces séismes engendrent des tsunamis, des vagues meurtrières hautes de plusieurs dizaines de mètres ! Sur une très longue période de temps, le mouvement des plaques est assez puissant pour façonner le visage des continents, comme celui des fonds océaniques, créant les gigantesques fosses et les majestueuses chaînes de montagnes sous-marines.

Méga-tsunami

En 1958, dans la baie de Lituya, en Alaska, un séisme provoqua le plus gros tsunami enregistré dans l'histoire humaine. Une vague de 524 m, plus haute que les plus hauts gratte-ciel, engloutit la côte en détruisant des millions d'arbres. Contre toute attente, quelques pêcheurs ancrés dans la baie survécurent à l'assaut !

MONTAGNES VOLCANIQUES

Le déplacement des plaques provoque, à certains endroits, la remontée du magma provenant des profondeurs de la Terre. Le magma refroidit et durcit au contact de l'eau ou de l'air. Il forme en s'accumulant divers types de montagnes volcaniques.

 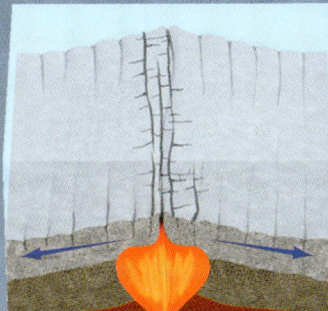 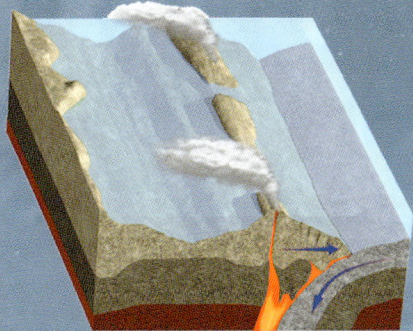

Chaîne volcanique

Lorsque deux plaques entrent en collision en bordure d'un continent, la pression devient si forte que le magma s'échappe et fait naître avec le temps une chaîne de montagnes volcaniques.

Dorsale océanique

Lorsque deux plaques s'éloignent l'une de l'autre sous l'océan, une longue fissure apparaît entre elles. Cette ouverture permet une remontée du magma, qui s'accumule de chaque côté de la fissure pour former une dorsale océanique.

Arc insulaire

Lorsque deux plaques se rencontrent sous l'océan, la pression provoque une remontée de magma. Celui-ci s'accumule sous l'eau pour donner naissance à des volcans, qui grandissent jusqu'à atteindre la surface où ils forment des arcs insulaires.

Continents à la dérive

Il y a près de 250 millions d'années, la Terre ne comptait qu'un seul continent, la Pangée, et un seul océan couvrait le reste de la planète. En raison du mouvement des plaques, la Pangée s'est brisée et les continents ont commencé à s'écarter les uns des autres. Cette dérive dure toujours. Ainsi, l'Atlantique s'élargit et l'Europe s'éloigne de l'Amérique de 2,5 cm chaque année.

L'océan : berceau des îles

Des milliers d'îles parsèment les océans du globe. Alors que certaines sont en train de naître, d'autres disparaissent tranquillement sous la surface. Plusieurs phénomènes peuvent donner naissance à une île. Des coraux ou des débris peuvent s'accumuler sur le fond marin jusqu'à émerger. La hausse ou la baisse du niveau des eaux peut isoler une portion de terre ou faire émerger les hauts-fonds. Toutefois, la plupart des îles océaniques ne sont rien d'autre que les sommets des montagnes volcaniques, pointant à la surface de l'eau. Avec le temps, le volcan s'éteint et l'île, grugée par la mer, disparaît pour devenir un mont sous-marin.

LES POINTS CHAUDS... DES GÉNÉRATIONS DE VOLCANS

Les volcans peuvent surgir au milieu d'une plaque lithosphérique. Ce sont les volcans de points chauds. Plusieurs îles volcaniques, telles que l'archipel d'Hawaii, sont nées de points chauds.

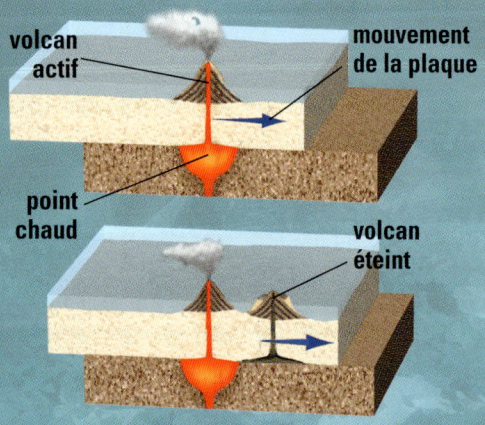

volcan actif
mouvement de la plaque
point chaud

volcan éteint

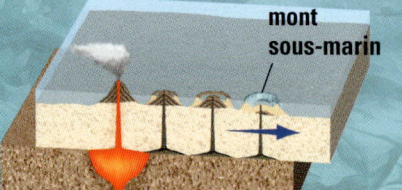

mont sous-marin

1. À l'intérieur de la Terre, une poche de magma, appelée point chaud, perce la plaque lithosphérique. La lave remonte et s'accumule jusqu'à la surface de l'océan où une nouvelle île volcanique surgit.

2. La plaque se déplace mais le point chaud reste fixe. Le magma poursuit sa remontée, créant de nouvelles îles.

3. Les volcans qui ne reçoivent plus de lave seront peu à peu grugés par l'océan et deviendront des monts sous-marins.

La ceinture de feu

Le plus souvent, les volcans émergent le long des plaques tectoniques et forment comme une guirlande ou une chaîne. La chaîne la plus connue est la ceinture de feu. Encerclant l'océan Pacifique, elle regroupe une grande partie des volcans du globe. La ceinture de feu comprend notamment les archipels volcaniques des Aléoutiennes, du Japon et des Philippines.

Du jour au lendemain

En 1963, les Islandais ont vu naître la petite île de Surtsey, à 40 km au sud de leur pays. Ils ont d'abord entendu une explosion, puis une île est soudainement apparue à travers une colonne de fumée. Peu après, les oiseaux et le vent ont transporté des graines sur l'île. Aujourd'hui, 45 types de plantes et 7 espèces d'oiseaux y habitent !

La mémoire de l'océan

À tout moment, l'océan recueille des débris de toutes sortes. Tels des flocons de neige, ces particules descendent doucement de la surface jusqu'au fond de l'eau, où elles forment des sédiments. Avec le temps, les sédiments s'accumulent sur le plancher océanique et peuvent former une couche de boue de 300 à 500 mètres d'épaisseur. Les sédiments peuvent provenir des restes de plantes et d'animaux marins. Ils proviennent aussi de la terre ferme, où le vent, la glace et l'eau brisent les roches en petits morceaux. Ceux-ci sont transportés par les cours d'eau jusqu'à l'océan où ils se déposent. Au bout de millions d'années, les sédiments s'entassent, durcissent et se transforment en roche sédimentaire. Ce type de roche contient des fossiles, les empreintes ou les restes des êtres vivants ensevelis dans les sédiments. En étudiant les fossiles, nous pouvons reconstruire l'histoire de la vie sur Terre.

Fossile à faire frémir...

Il y a plus de 350 millions d'années, les poissons régnaient en maîtres sur notre planète. Le plus gros d'entre eux, appelé *dunkleosteus*, mesurait plus de 5 m de long ! Plusieurs fossiles retrouvés dans le Midwest américain montrent des parties de son énorme crâne avec ses mâchoires tranchantes comme des couteaux. Ce féroce prédateur dévorait tout sur son passage, y compris des requins !

Des fossiles qui valent une fortune
Parfois, une très grande quantité de fossiles se retrouvent enfouis ensemble dans les sédiments, où ils forment une poche compacte. Le poids et la chaleur de la terre écrasent et chauffent cette poche de sédiments. Lentement, elle se transformera en charbon, en pétrole ou en gaz naturel. Ainsi, ces substances qui valent plusieurs milliards de dollars sur les marchés mondiaux sont formées des restes de plantes et d'animaux morts !

LES FOSSILES : VESTIGES DU TEMPS

Les fossiles enfermés dans les roches sédimentaires ont une importance cruciale pour les paléontologues, qui étudient l'histoire de la vie. Tel un véritable voyage dans le temps, leurs découvertes nous font connaître des plantes et des animaux aujourd'hui disparus. Chacune des couches superposées de sédiments cache des fossiles appartenant à une époque précise. Les plus récents sont habituellement sur le dessus, les plus anciens en dessous. L'illustration suivante montre la formation d'un fossile.

1. Un animal meurt et se dépose au fond de l'eau.

2. Son corps se décompose mais les parties dures, comme la coquille ou les os, se conservent et se couvrent de sédiments.

3. Avec le temps, les sédiments durcissent et emprisonnent la coquille qui devient un fossile.

4. Au bout de millions d'années, le déplacement de la croûte terrestre peut ramener le fossile à la surface ou près de la surface.

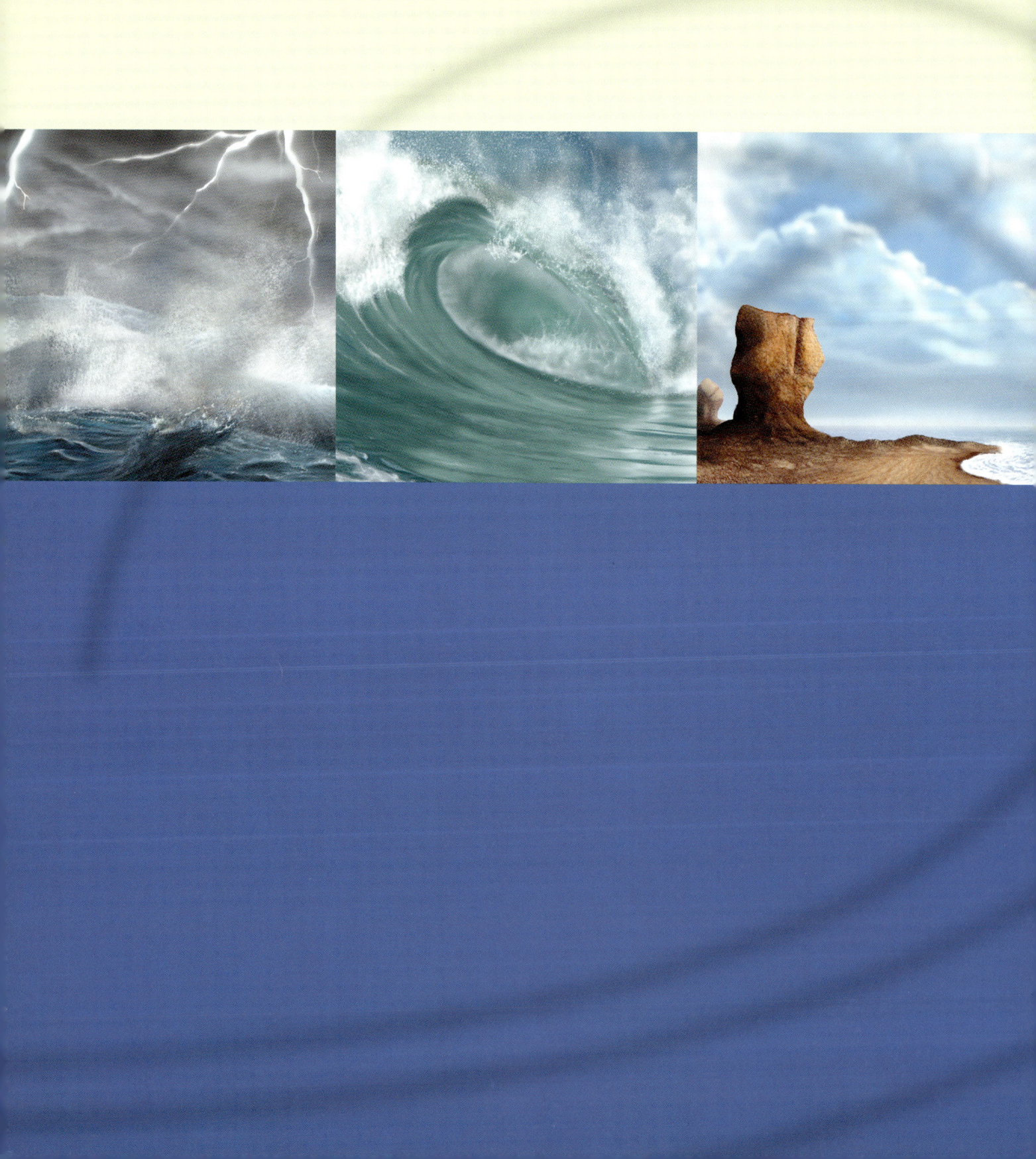

L'eau dans tous ses états

L'océan est une énorme masse d'eau salée constamment en mouvement, bercée par le vent et soulevée par la marée. Cette eau change de couleur, de température et de salinité au gré du temps et de l'environnement. L'eau des océans possède aussi une force redoutable capable de gruger la roche et de sculpter des paysages !

De la première goutte… à l'océan

Lors de sa création, il y a 4,6 milliards d'années, la Terre ne possédait ni océan ni terre ferme. Elle était entièrement recouverte d'une couche de lave bouillonnante, épaisse de plusieurs centaines de kilomètres. Peu à peu, le climat de notre planète s'est refroidi et la lave a commencé à durcir pour former la croûte terrestre. Au même moment, de multiples volcans se sont mis à cracher des quantités gigantesques de vapeur d'eau dans l'atmosphère. Au contact de l'air froid, la vapeur d'eau emmagasinée dans l'atmosphère s'est transformée en épais nuages gorgés d'eau. Des pluies diluviennes sont tombées jour et nuit, pendant des millénaires. Ce déluge a donné naissance au premier océan il y a 3,8 milliards d'années.

Un bain préhistorique

L'eau voyage, se transforme, mais ne se perd jamais. Depuis sa formation, la Terre possède la même quantité d'eau, qu'elle soit sous forme de vapeur, de liquide ou de glace. Ainsi, notre bain contient de l'eau préhistorique dans laquelle se sont peut-être baignés des dinosaures !

LE VOYAGE DE L'EAU

L'eau des océans voyage constamment. Grâce à la chaleur du Soleil, l'eau à la surface se transforme en vapeur d'eau. Celle-ci s'élève dans l'atmosphère, où elle rencontre de l'air froid et se change en minuscules gouttelettes qui forment les nuages. La plus grande partie de l'eau que contiennent les nuages regagne l'océan sous forme de pluie. Lorsqu'elle tombe sur les continents, l'eau de pluie emprunte les rivières, les cours d'eau souterrains, les lacs et les fleuves pour retrouver l'océan. Puis, le long voyage recommence…

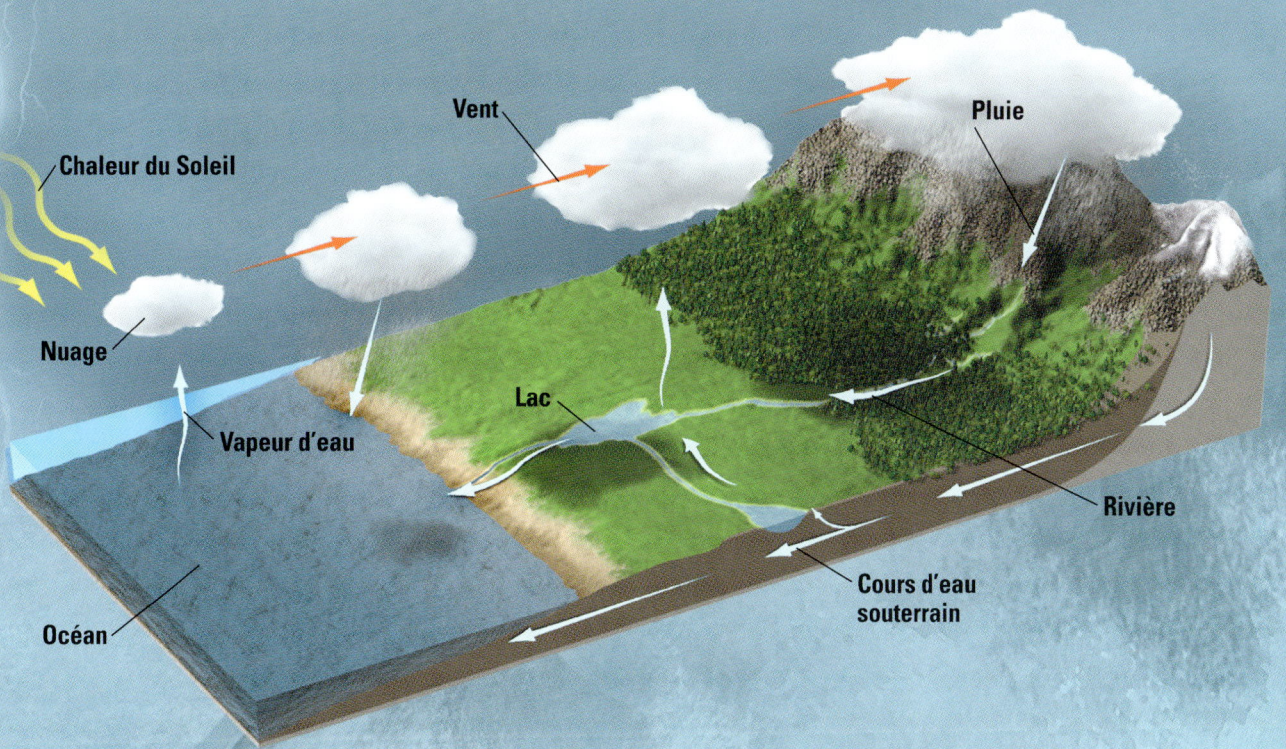

Chaleur du Soleil

Vent

Pluie

Nuage

Vapeur d'eau

Lac

Rivière

Cours d'eau souterrain

Océan

La naissance d'un océan

Les océans naissent lorsque deux plaques lithosphériques s'écartent en plein cœur d'un continent, ce qui crée un fossé gigantesque appelé rift continental. Au bout de plusieurs millions d'années, l'eau d'un océan voisin envahit ce rift profond et donne naissance à un nouvel océan. Celui-ci s'agrandit à mesure que le mouvement d'écartement des plaques se poursuit. L'océan Atlantique est né ainsi il y a 150 millions d'années. Dans 50 millions d'années, la vallée du Grand Rift, en Afrique, s'agrandira et se remplira d'eau. Une nouvelle mer divisera alors en deux le continent africain.

Le visage de l'océan

L'océan éveille tous nos sens. Nous entendons ses vagues, sentons son odeur salée et admirons son immensité bleue. Le toucher du bout des orteils nous fait frissonner, et goûter son eau nous fait grimacer ! L'océan est une soupe gigantesque dans laquelle baigne une soixantaine d'éléments chimiques qui lui donnent son goût salé. Ces principaux ingrédients sont le chlore, le sodium, le soufre, le magnésium, le calcium et le potassium. Ils proviennent en grande partie des sédiments transportés par les fleuves et rejetés dans l'océan. Les mers tropicales sont les plus salées. Dans ces régions, les températures élevées et le manque de pluie augmentent l'évaporation de l'eau, ce qui accroit la concentration de sel dans l'océan. Mais au-delà de la salinité, plusieurs autres traits, tels que la couleur et la température, marquent le visage de l'océan.

La température de l'eau

La température de l'eau dépend de l'intensité des rayons solaires qui la frappent. Elle est glaciale aux pôles (-1 à 4 ºC) et chaude aux tropiques (autour de 30 ºC). Elle est moins froide en surface que dans les grandes profondeurs, où les rayons du Soleil ne peuvent pénétrer et où les températures se tiennent entre 0 ºC et 2 ºC. Les changements saisonniers de la température de l'air affectent la température à la surface des océans de quelques degrés.

Des tonnes de sel

Pour que l'eau d'une piscine olympique soit aussi salée que celle de l'océan, il faudrait que trois semi-remorques remplis de sel y déversent leur chargement. En fait, l'océan est si salé que si nous pouvions extraire tout son sel, celui-ci formerait une couche de 45 m de haut (l'équivalent d'un édifice de 15 étages) à la surface de tous les continents !

La couleur de l'eau

Les couleurs qui composent la lumière du Soleil sont absorbées différemment par les particules d'eau. Dans l'océan, le rouge, l'orangé et le jaune ne pénètrent qu'à quelques mètres sous l'eau. Par contre, le bleu pénètre jusqu'à 245 m de profondeur. C'est donc la principale couleur réfléchie par l'océan.

Lorsque l'eau semble verte, c'est qu'elle contient beaucoup de minuscules plantes flottantes appelées phytoplancton. La mer Rouge est appelée ainsi en raison des algues rouges qui apparaissent occasionnellement à sa surface. La mer Noire et la mer Jaune doivent leur nom à la couleur des sédiments qui flottent dans leurs eaux et qui tapissent leur fond.

Mer des Antilles

Le poids de l'eau

L'eau exerce une pression sur notre corps. Cette pression devient de plus en plus forte à mesure que nous descendons vers les profondeurs. Notre tympan, habitué à la pression de l'air ambiant, a du mal à s'adapter à ces différences. C'est la raison pour laquelle nous avons souvent mal aux oreilles en nous enfonçant dans l'eau. Une pression trop forte peut faire éclater le tympan !

Le son dans l'eau

Le son se propage beaucoup mieux dans l'eau qu'à l'air libre. Certains mammifères marins, comme la baleine, savent en tirer profit. Les baleines bleues peuvent communiquer entre elles à des centaines de kilomètres de distance, un record !

Des hauts et des bas

Le vent qui souffle sur l'océan crée une ondulation qui, tel un frisson, parcourt la surface de l'eau. Ce sont les vagues. Plus le vent souffle fort, plus les vagues sont grosses, soulevant et abaissant des masses d'eau considérables. Si elles font le bonheur des surfeurs et des baigneurs, les vagues créent parfois des conditions dangereuses. Un vent soutenu qui souffle à 27 kilomètres à l'heure peut fait naître des vagues de deux mètres de haut qui sont dangereuses pour les bateaux. En haute mer, les marins doivent à certains moments affronter des murs d'eau encore plus hauts. Avec un vent soufflant pendant deux jours à 113 kilomètres à l'heure, les vagues peuvent atteindre 15 mètres de haut, soit l'équivalent d'un immeuble de cinq étages !

LA VIE DES VAGUES

Même si les vagues peuvent voyager sur de grandes distances, ce n'est pas le cas des molécules d'eau qu'elles contiennent. En fait, chaque molécule d'eau ne fait que se soulever et s'abaisser dans un mouvement circulaire créé par le vent. La hauteur des vagues dépend de la force du vent, de la durée pendant laquelle il souffle, mais aussi de la distance qu'il parcourt sans rencontrer d'obstacle. Lorsqu'elles approchent de la côte, les vagues ralentissent et deviennent plus hautes et plus raides. Sur la rive, elles se brisent, projetées vers l'avant. Elles sont alors appelées vagues déferlantes.

Direction du vent

Crête
La crête correspond au sommet de la vague.

Hauteur
La hauteur de la vague correspond à la distance entre la crête et le creux.

Creux
Le creux est la partie la plus basse de la vague.

Vague déferlante
On nomme déferlantes les vagues qui se brisent en écume sur les côtes.

De grands voyageurs

De grands courants parcourent les océans, empruntant des trajets précis. Les courants qui circulent en surface sont poussés par les vents dominants et peuvent parcourir 50 kilomètres par jour. Lorsqu'ils proviennent des régions tropicales, ces courants sont chauds ; s'ils naissent près des pôles, ils sont froids. Les courants profonds, pour leur part, se forment sous les banquises polaires. À cet endroit, l'eau froide et salée, plus lourde, plonge vers le fond et pousse l'eau froide qui se trouve en dessous vers l'équateur. Les courants sont déviés par les côtes des continents, mais la rotation de la Terre influence aussi leur trajet. Dans l'hémisphère Nord, ils tournent dans le sens des aiguilles d'une montre ; au sud, c'est le contraire. En brassant les eaux de la planète, les courants distribuent l'oxygène, les nutriments et la chaleur dans tous les océans du globe. Ils sont également importants pour plusieurs espèces marines. Les jeunes anguilles, par exemple, utilisent le courant du Gulf Stream comme une autoroute qui les mène des tropiques jusqu'en Amérique du Nord ou en Europe.

Bien au chaud

La température de l'eau du Gulf Stream peut être jusqu'à 10 °C plus élevée que celle des eaux environnantes. Assez chaud pour influencer le climat des pays nordiques, le Gulf Stream aide les palmiers à pousser sur les côtes de l'Irlande et transporte des poissons tropicaux jusqu'à Cape Cod, au Massachusetts !

LE GULF STREAM

Le Gulf Stream est un courant d'eau chaude qui part du golfe du Mexique et longe la côte des États-Unis. Il se dirige ensuite vers le nord-est, traversant l'Atlantique en direction de l'Europe.

Europe

Amérique du Nord

Courant d'eau chaude

Océan Atlantique

Afrique

Voir la carte page 91

Le courant El Niño

Près du Pérou, les vents alizés poussent normalement l'eau chaude vers l'ouest, loin des côtes. L'eau froide remonte alors du fond de l'océan pour prendre la place libre laissée près du littoral. Ces eaux froides sont très riches en éléments nutritifs et attirent de grands bancs de poissons. Cependant, tous les quatre à sept ans, les vents alizés faiblissent et un courant chaud, qu'on appelle El Niño, se forme près des côtes. El Niño signifie en espagnol « le Christ enfant ». Il est surnommé ainsi car il survient en décembre, autour de Noël. El Niño entraîne la mort de plusieurs créatures marines et nuit gravement à l'industrie de la pêche. En déséquilibrant le climat, il peut aussi avoir des conséquences catastrophiques partout sur la planète. Il provoque des pluies torrentielles en Amérique du Sud et aux États-Unis, des ouragans violents dans le Pacifique et des sécheresses en Australie et en Asie.

LES VENTS DOMINANTS

De grands vents voyagent à la surface de notre planète. Ils soufflent presque toujours avec la même force et dans la même direction. Appelés vents dominants, ils sont le résultat des grands brassages d'air chaud et d'air froid qui s'opèrent à la surface de la Terre. Il existe trois types de vents dominants : les vents d'ouest, les alizés ainsi que les vents polaires.

Les vents polaires
Les vents polaires sont froids, puissants et violents. Autour du pôle Sud, ces vents sont si redoutables que les marins ont surnommé la latitude où ils soufflent « Soixantièmes hurlants ».

Les alizés
Les alizés sont des vents forts et réguliers. Ils ont permis aux grands explorateurs de traverser l'océan Atlantique pour découvrir le Nouveau Monde.

Les vents d'ouest
Les vents d'ouest sont très forts, particulièrement dans l'hémisphère Sud où ils forment des vagues gigantesques. La navigation est à cet endroit si périlleuse que les marins surnomment ces latitudes « Quarantièmes rugissants » et « Cinquantièmes furieux ».

Calme équatorial
Le calme équatorial représente une zone pratiquement sans vent, située autour de l'équateur. Cette région fut longtemps redoutée des marins. Leurs bateaux à voiles pouvaient y être bloqués pendant plusieurs semaines, en attente d'une brise.

Les vents polaires

L'influence des astres

Deux fois par jour, la mer recouvre le rivage puis se retire… Ce phénomène régulier, appelé marée, est déclenché par les astres ! En effet, la Lune, le Soleil et la Terre s'attirent mutuellement, comme le font tous les astres de l'Univers. La Lune est la principale responsable des marées puisqu'elle est l'astre le plus proche de la Terre. Tel un gigantesque aimant, elle déforme l'océan en l'attirant vers elle. La forme des côtes et la profondeur de l'eau affectent la hauteur des marées. Dans les mers intérieures peu profondes, les marées sont presque imperceptibles. Dans certaines baies ouvertes sur l'océan, elles peuvent être spectaculaires !

Des marées record !

Dans la baie de Fundy au Canada, le niveau de la mer peut monter de 16 m au moment des marées hautes (l'équivalent d'un immeuble de cinq étages). À cet endroit, l'eau est poussée dans la baie en forme d'entonnoir, ce qui produit une marée record. De l'autre côté de l'Atlantique, au Mont-Saint-Michel en France, la marée couvre un territoire extrêmement vaste. À marée basse, l'eau se retire sur une dizaine de kilomètres !

LA FORMATION DES MARÉES

Lorsqu'une masse d'eau fait face à la Lune, l'eau se soulève en direction de l'astre. C'est alors la marée haute dans cette partie du monde. La rotation de la Terre provoque une marée haute identique de l'autre côté, sur la face opposée du globe. Entre ces deux zones de marée haute, c'est la marée basse. Ainsi, à tout moment, l'océan se soulève dans deux régions du monde et s'abaisse dans deux autres régions. Les marées peuvent être fortes (vive-eau) ou faibles (morte-eau) selon l'alignement de la Terre, de la Lune et du Soleil à l'intérieur d'un mois.

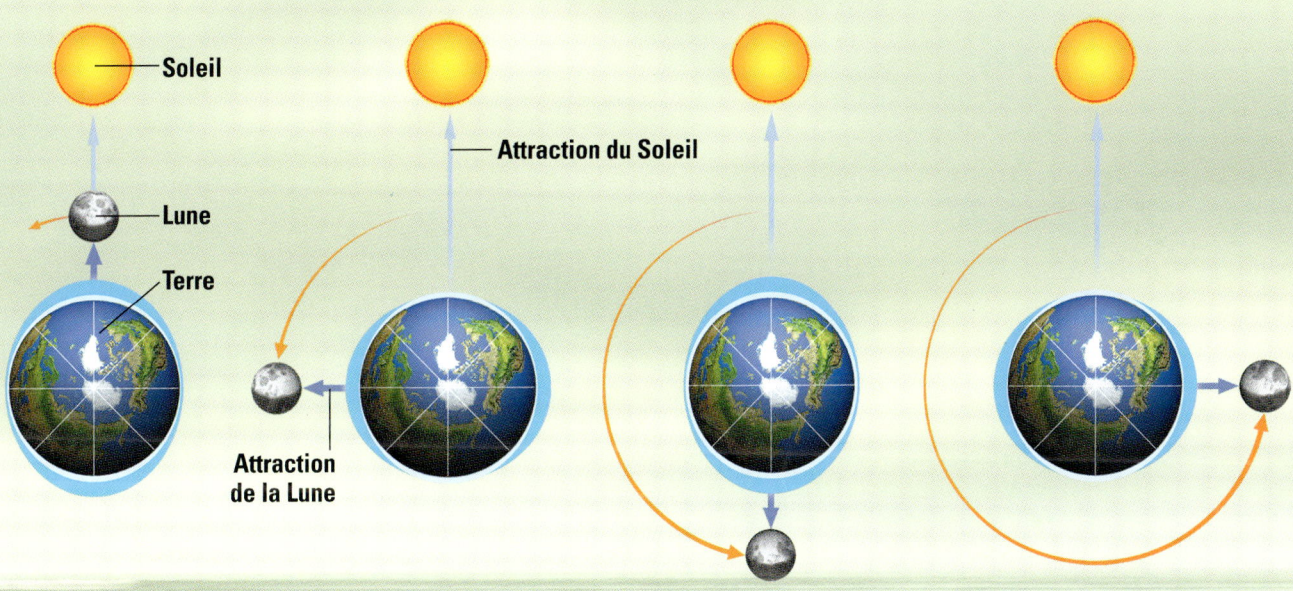

Marée de vive-eau
À la nouvelle Lune, le Soleil et la Lune, alignés avec la Terre, unissent leurs forces d'attraction pour soulever l'océan, ce qui produit une marée maximale.

Marée de morte-eau
Au premier quartier de la Lune, les forces d'attraction de la Lune et du Soleil s'annulent partiellement, ce qui produit une marée faible.

Marée de vive-eau
À la pleine Lune, le Soleil et la Lune sont alignés de nouveau avec la Terre. Puisque la rotation de la Terre crée une marée haute identique sur deux faces opposées, les astres unissent encore une fois leur force, ce qui produit une marée forte.

Marée de morte-eau
Au dernier quartier de la Lune, la force d'attraction des deux astres s'annule encore une fois, ce qui produit une marée faible.

Sculptures côtières

Les vagues, les courants, les marées et la violence des tempêtes arrachent des parcelles de côtes et les déposent plus loin. Ce phénomène naturel est appelé érosion. Sur le littoral sablonneux, l'océan déplace sans cesse le sable, rapetissant une plage ici pour en grossir une autre plus loin. Sur les côtes rocheuses, l'eau érode les portions tendres des falaises pour former des failles, des grottes et de majestueuses sculptures. Qu'ils soient composés de sable ou de roche, les paysages côtiers se transforment continuellement…

DE LA FALAISE À L'ÉCUEIL

Lorsqu'une falaise pointe vers l'océan, elle forme un cap. Celui-ci s'érode, attaqué de tous les côtés par les vagues. Voici comment une falaise peut se transformer en écueil.

1. Les vagues qui frappent le cap élargissent peu à peu une fissure jusqu'à former une grotte.

2. Les vagues creusent des grottes sans relâche, et parfois deux grottes finissent par communiquer. Le cap est transpercé et une arche se forme.

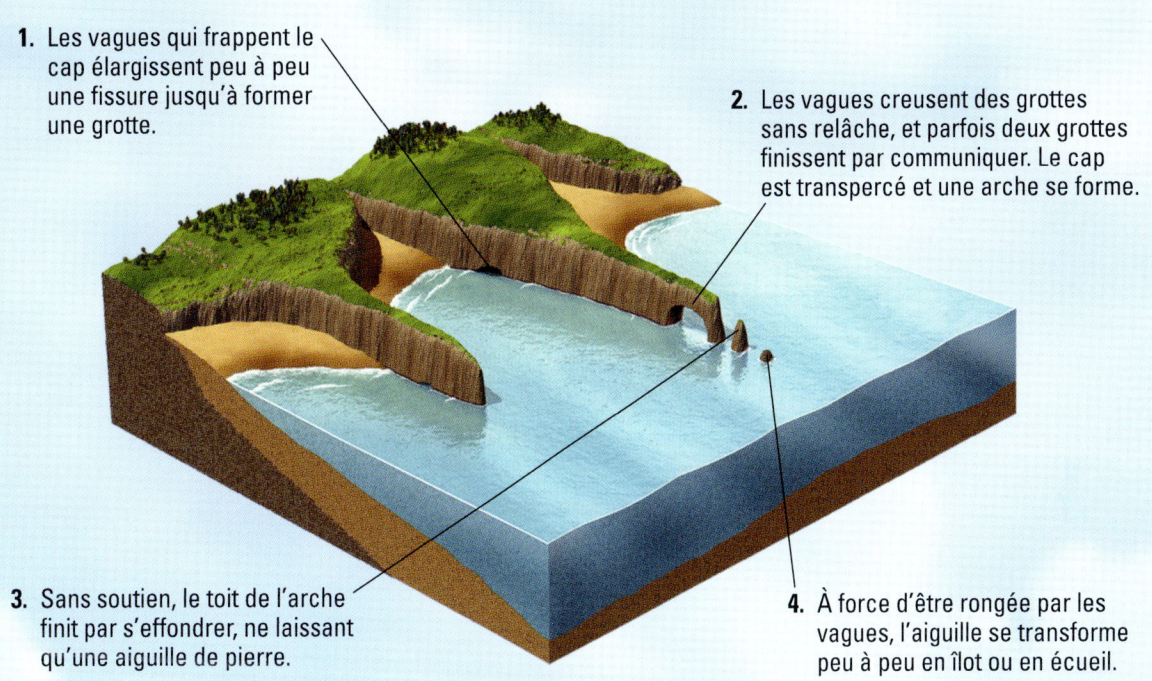

3. Sans soutien, le toit de l'arche finit par s'effondrer, ne laissant qu'une aiguille de pierre.

4. À force d'être rongée par les vagues, l'aiguille se transforme peu à peu en îlot ou en écueil.

Plage de sable

L'érosion est responsable de la formation des plages. En effet, les milliards de grains de sable qui composent celles-ci sont souvent des débris de roche charriés par les fleuves et les courants puis rejetés sur les côtes. Le sable peut aussi provenir de squelettes d'animaux marins que l'océan a réduit en miettes.

Des plages aux couleurs étonnantes !

Certaines plages sont blanches comme la neige alors que d'autres sont noires comme la nuit. La couleur du sable dépend de son origine. Le sable noir des îles volcaniques est un mélange de cendres et de miettes de lave durcie. Le sable blanc des plages tropicales provient d'êtres vivants... Il est souvent fait d'éclats de coquillages, de fragments de coraux et d'excréments de poissons tropicaux !

Un océan de vie

Des tropiques jusqu'aux pôles et de la surface jusqu'au plus profond des abysses, l'océan héberge une foule de créatures à la fois étranges et uniques. Plusieurs sont restées méconnues jusqu'à tout récemment. Une infime portion des fonds océaniques a été explorée par les humains. Qui sait ce que recèlent les 300 millions de kilomètres carrés restant à découvrir...

Un océan de vie

La vie est apparue dans l'océan, il y a environ 3,8 milliards d'années. Les premiers habitants de notre planète n'étaient ni des animaux ni des plantes, mais des êtres microscopiques, appelés bactéries. Avec le temps, certaines d'entre elles ont appris à utiliser l'énergie du Soleil pour produire de l'oxygène, ce gaz essentiel aux plantes et aux animaux. Avec l'oxygène, la vie océanique s'est transformée. Les éponges, les méduses, les vers et les étoiles de mer sont apparus progressivement, suivis, des millions d'années plus tard, par les poissons. Certains descendants des poissons ont développé des pattes et des poumons, et ils ont appris ainsi à se déplacer et à respirer hors de l'eau. Ils sont devenus des amphibiens. Suivront ensuite les reptiles, les oiseaux puis les mammifères. Si bon nombre d'animaux vivent aujourd'hui sur la terre ferme, l'océan accueille toujours la plus large part de la vie terrestre. Ainsi, 80 % des animaux de la planète vivent dans l'eau ! Les grands groupes marins sont les éponges, les cnidaires, les vers, les mollusques, les échinodermes, les crustacés, les poissons, les reptiles et les mammifères.

Les reptiles marins

Comme les poissons, les reptiles marins sont recouverts d'écailles. Toutefois, ils ne possèdent pas de branchies pour filtrer l'oxygène et doivent respirer hors de l'eau. Les reptiles marins comptent huit espèces de tortues marines, quelques serpents de mer et une seule espèce de lézard marin.

Les cnidaires

Le groupe des cnidaires comprend les méduses, les anémones et les coraux. Ces animaux marins possèdent des tentacules capables d'injecter à leur proie un venin paralysant.

Crustacés

Le crabe, la crevette, le homard et les autres crustacés sont les cousins des insectes terrestres. Leur corps est protégé par une carapace solide. Ils sont munis d'antennes servant à percevoir les mouvements et de pattes articulées. Certains crustacés ont des pinces qu'ils utilisent pour se défendre.

Les échinodermes

Les échinodermes regroupent des animaux marins à la peau épineuse, comme les étoiles de mer et les oursins. Leur corps est composé de cinq parties identiques disposées comme les rayons d'une roue.

Les poissons

Les poissons ont été les premiers animaux à posséder un squelette à l'intérieur du corps. Ils sont parfaitement adaptés à la vie aquatique, avec des écailles pour se protéger, des nageoires pour se déplacer et des branchies pour filtrer et absorber l'oxygène dans l'eau.

Géant des mers

La baleine bleue est le plus gros animal existant sur Terre. Avec ses 150 tonnes, ce mammifère marin est deux fois plus gros que le plus gros des dinosaures et pèse aussi lourd que 21 éléphants ! La baleine peut mesurer 30 m de long, l'équivalent de trois autobus.

Les mammifères marins

Les mammifères marins, comme les baleines et les dauphins, doivent respirer hors de l'eau. Il y a des millions d'années, leurs ancêtres vivaient sur la terre ferme. Pour s'adapter à l'océan qui les nourrissait, leur corps s'est peu à peu allongé et leurs pattes sont devenues des nageoires.

Les mollusques

Les mollusques, comme la moule et l'huître, sont des animaux au corps mou possédant un seul pied et parfois une coquille protectrice. La pieuvre et le calmar sont des mollusques, mais ils n'ont pas de coquille protectrice et leur pied est divisé en tentacules.

Les éponges

Les éponges sont des animaux marins extrêmement simples et anciens. Elles existent depuis des centaines de millions d'années. Les éponges sont incapables de bouger, mais l'eau qu'elles absorbent leur fournit l'oxygène et les nutriments dont elles ont besoin.

Les vers

Les vers sont des animaux au corps mou et allongé. Ils n'ont ni squelette ni pattes. Les vers de mer ont été les premiers animaux de l'histoire à posséder une tête. Certains ont des tentacules et vivent dans un tube rigide.

Qui mange quoi ?

Le hareng digère tranquillement son repas de crevettes lorsqu'il est soudainement avalé par le marsouin, qui à son tour sera dévoré par un épaulard ! On appelle chaîne alimentaire ce processus dans lequel chaque organisme se nourrit de celui qui le précède. La chaîne alimentaire océanique débute avec les minuscules algues flottantes appelées phytoplancton. Le phytoplancton sert de nourriture aux animaux marins mangeurs de plantes, les herbivores, qui sont ensuite dévorés par les mangeurs de viande, les carnivores. Peu importe la place qu'il occupe dans la chaîne, chaque habitant de l'océan fait partie d'un réseau complexe et fragile, dans lequel toutes les espèces sont dépendantes les unes des autres pour leur survie.

Une mer de krill...

Le krill est un ensemble de petits crustacés de 5 à 7 cm qui ressemblent à des crevettes. Dans les eaux froides de l'océan Austral, ils vivent en groupes gigantesques, semblables à d'immenses tapis à la surface de l'océan. Il existe 600 000 milliards de ces créatures dans le monde, ce qui en fait l'animal le plus abondant de la planète ! Heureusement pour la baleine bleue, qui peut manger jusqu'à 40 millions de ces petits crustacés en une seule journée !

LA CHAÎNE ALIMENTAIRE

Le phytoplancton utilise l'énergie du Soleil et les éléments nutritifs dissous dans l'eau pour produire de l'oxygène et croître. Le phytoplancton est mangé par de minuscules animaux marins flottants appelés zooplancton. Le zooplancton nourrit à son tour de petits poissons. Ceux-ci sont mangés par de plus gros poissons, eux-mêmes dévorés par de grands prédateurs comme l'épaulard. Au fond de l'océan se trouvent les décomposeurs. Ceux-ci se nourrissent des débris d'animaux et de végétaux qui tombent de la surface. Les décomposeurs absorbent les restes et les transforment en éléments nutritifs. Les courants entraînent ces éléments vers la surface, où ils sont utilisés par le phytoplancton, bouclant ainsi la chaîne.

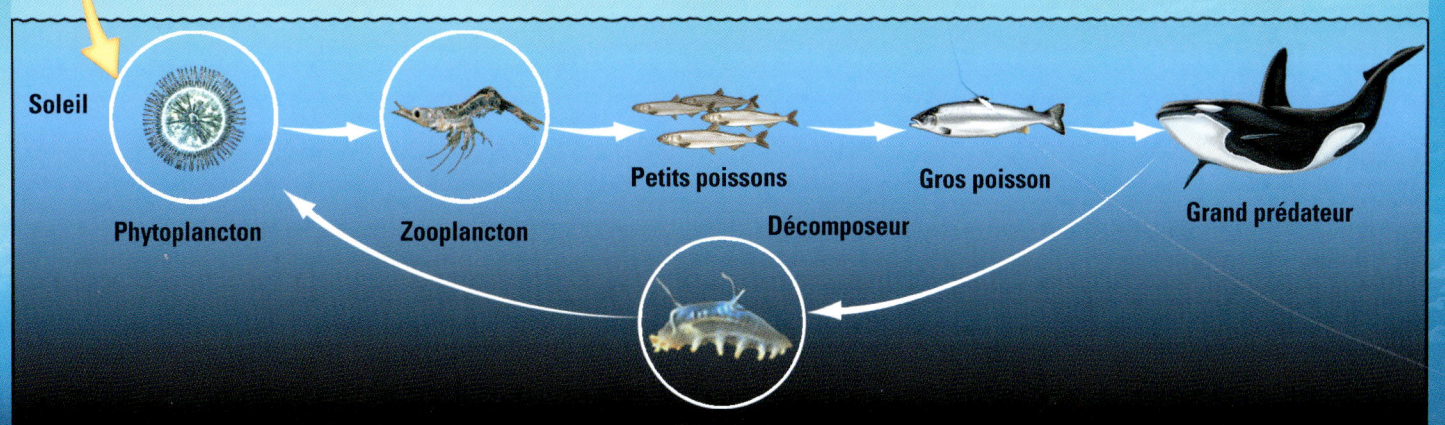

Soleil

Phytoplancton **Zooplancton** **Petits poissons** **Gros poisson** **Grand prédateur**

Décomposeur

Baleine bleue dans un amas de krill

Aux armes !

Pour chasser une proie ou fuir un prédateur, les animaux marins utilisent des tactiques qui peuvent tantôt nous amuser, tantôt nous donner la chair de poule… Certains utilisent leur coquille comme bouclier, d'autres se camouflent en imitant leur environnement. La cuboméduse possède une arme redoutable : un venin qui peut tuer un être humain en quatre minutes à peine ! Lorsqu'un prédateur attrape l'étoile de mer par un bras, celle-ci fuit en laissant son membre au prédateur. Ce bras repoussera plus tard. Pour se protéger, plusieurs petits poissons nagent en bancs serrés comme s'ils formaient un seul gros poisson. Cette solidarité existe aussi chez les prédateurs. Les orques et les dauphins chassent en groupe pour encercler leurs proies. Somme toute, une ruse peut être fort habile, mais elle ne fonctionne pas à tout coup.

Coquille d'occasion
Contrairement aux autres crabes, le bernard-l'ermite n'a pas de carapace. Pour se protéger, il emprunte une coquille vide laissée par un mollusque et se déplace sous elle. Lorsqu'il grandit, le bernard-l'ermite doit se trouver une maison plus grande.

Chasseur d'élite

Avec ses puissantes mâchoires et ses dents pointues, acérées comme des couteaux, le grand requin blanc est le plus grand des poissons carnivores et l'un des prédateurs les plus dangereux des océans. Grâce à son odorat infaillible, il peut repérer sa proie à des kilomètres de distance. Il serait en mesure de repérer une seule goutte de sang dans une piscine olympique !

Pierre venimeuse
Le poisson-pierre est le plus venimeux des poissons. Il se recouvre d'algues et reste immobile au fond de l'eau, camouflé parmi les pierres. Les épines venimeuses de sa nageoire dorsale sont alors à peine visibles et peuvent entraîner la mort de celui qui les touche.

Flots d'encre
Lorsqu'elle est poursuivie ou se sent menacée, la pieuvre expulse un nuage d'encre qui brouille l'eau environnante. Cachée derrière ce voile provisoire, la pieuvre en profite pour fuir loin de ses prédateurs.

Tête à queue
Près de sa queue, le poisson papillon-paon est pourvu d'une tache qui ressemble à un œil. À l'avant, ses vrais yeux sont camouflés. Les prédateurs sont complètement déroutés face à ce poisson qui semble s'enfuir à reculons !

Mets piquant
Lorsqu'il se sent menacé, le poisson porc-épic remplit d'eau son estomac et se gonfle comme un ballon. Ses piquants, qui sont habituellement aplatis contre son corps, se hérissent. Pour les prédateurs, ce poisson devient alors peu appétissant.

Bras réconfortants
Le petit poisson-clown trouve refuge dans les tentacules venimeux des anémones de mer. Son corps est enduit d'une couche visqueuse qui le protège du dangereux venin de l'anémone. Ainsi, aucun prédateur n'ose venir chercher le poisson-clown dans son abri.

Drôle de nez
Le poisson-scie possède un museau mesurant près de 2 m de long. Il s'en sert pour fouiller les fonds vaseux à la recherche d'une proie ou pour frapper et assommer les poissons qui nagent en banc.

Sous la lumière du soleil

La zone ensoleillée est la première des trois zones de l'océan.
C'est la couche d'eau qui s'étend de la surface jusqu'à 200 mètres de
profondeur. Les rayons du soleil la pénètrent aisément. Les températures
confortables et la luminosité permettent la croissance des plantes,
qui attirent à leur tour une multitude d'animaux. La vie est donc plus
abondante et plus variée à la surface des océans. La zone ensoleillée
est un véritable terrain de chasse où rapidité et acuité visuelle sont
des atouts importants. Avec leurs corps fuselés comme des torpilles,
les prédateurs fendent l'eau à toute vitesse. Les proies, de leur côté,
multiplient les stratégies pour échapper à leur regard perçant.

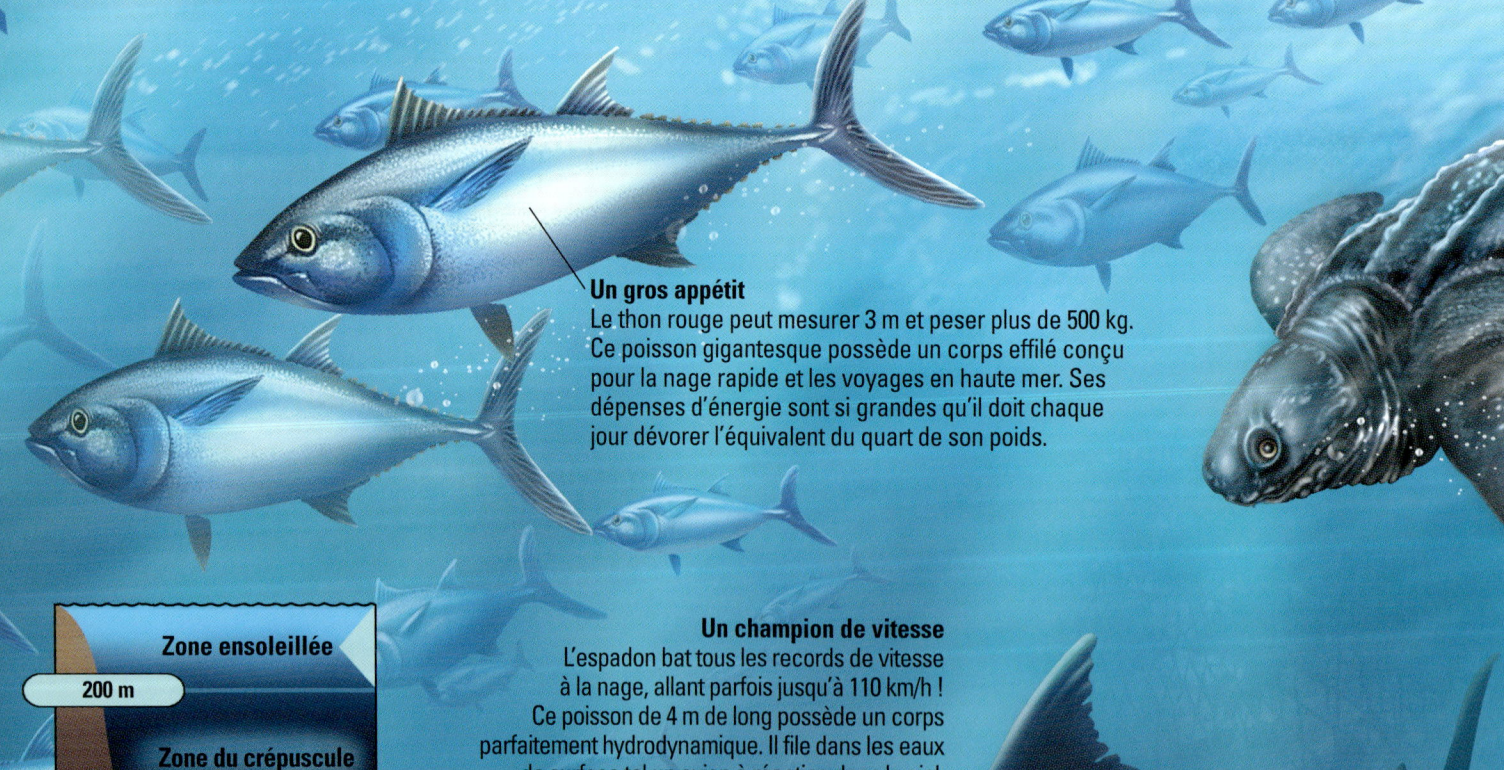

Un gros appétit
Le thon rouge peut mesurer 3 m et peser plus de 500 kg.
Ce poisson gigantesque possède un corps effilé conçu
pour la nage rapide et les voyages en haute mer. Ses
dépenses d'énergie sont si grandes qu'il doit chaque
jour dévorer l'équivalent du quart de son poids.

Zone ensoleillée

200 m

Zone du crépuscule

1 000 m

Zone de minuit

Un champion de vitesse
L'espadon bat tous les records de vitesse
à la nage, allant parfois jusqu'à 110 km/h !
Ce poisson de 4 m de long possède un corps
parfaitement hydrodynamique. Il file dans les eaux
de surface tel un avion à réaction dans le ciel.

Camouflage de surface

Il est difficile de passer inaperçu dans l'eau claire de la zone ensoleillée. C'est pourquoi de nombreuses proies, comme le zooplancton, sont minuscules et transparentes. Plusieurs poissons de surface ont le dos foncé et le ventre pâle. Vus d'en haut, ils se fondent dans l'obscurité des profondeurs. Vus d'en bas, ils se confondent avec la lumière de la surface. D'autres poissons sont complètement argentés. Tel un miroir, leur peau réfléchit la lumière du soleil, ce qui les rend difficiles à voir.

Un poisson volant

Pour échapper à ses prédateurs, l'exocet fonce rapidement vers la surface et bondit hors de l'eau. En soulevant ses longues nageoires et en frappant les vagues avec sa queue, il peut planer au-dessus de l'eau sur près de 180 m.

Voguer sur les flots

La physalie possède un pneumatophore, un organe semblable à un gros flotteur. Il lui permet de dériver en surface, au fil des courants. Les longs tentacules venimeux de la physalie, qui peuvent mesurer plus de 20 m, capturent et paralysent les proies au passage.

Nager ou couler

Le requin bleu est le plus abondant et le plus répandu des requins. Comme tous les requins, il n'a pas de vessie natatoire, un organe permettant aux poissons de flotter. Pour rester en surface sans couler, ce prédateur de 4 m de long doit nager jour et nuit.

Une excellente nageuse

La tortue-luth est la plus grande tortue marine. Cette espèce en danger mesure près de 2 m de long et pèse plus de 500 kg. La tortue-luth est la seule tortue sans écailles. Sa carapace lisse et ses pattes en forme de rames permettent à cette géante de franchir une distance de plus de 100 m en 10 secondes à peine.

La haute mer

Les fleuves rejettent des nutriments dans les eaux côtières, ce qui encourage la croissance de plantes et attire une multitude d'animaux marins. La vie abonde donc près des côtes et se fait de plus en plus rare à mesure qu'on s'éloigne vers la haute mer. Toutefois, quelques animaux arrivent à survivre loin des côtes, alors que leurs proies sont dispersées sur un vaste territoire. Certaines espèces de requins et de baleines arrivent à parcourir de longues distances à grande vitesse pour chasser leur nourriture.

Ne dormir que d'un œil

Les dauphins doivent remonter régulièrement à la surface de l'eau pour respirer. Ils doivent donc toujours rester éveillés, car un simple petit somme peut entraîner leur noyade. Pour faire face à cet inconvénient, les dauphins ne dorment qu'à moitié, c'est-à-dire un côté du cerveau à la fois. Ainsi, pendant qu'un côté du cerveau dort, l'autre reste éveillé pour que le dauphin continue à respirer et à guetter les prédateurs.

Une contrée hostile

La zone du crépuscule est un environnement inhospitalier, coincé entre les eaux claires de la surface et la noirceur de la zone de minuit. Ici, entre 200 et 1 000 mètres de profondeur, les rayons du soleil parviennent difficilement à se faufiler. Sans une quantité suffisante de lumière, aucune plante ne peut survivre et la nourriture est rare. Les habitants de cette zone doivent souvent se contenter des miettes de repas, des excréments et des corps d'animaux morts qui tombent vers le fond. On pourrait croire que peu de créatures arrivent à vivre dans un environnement aussi peu accueillant. Pourtant, la zone du crépuscule abrite des milliers d'espèces qui ont su développer des stratégies uniques pour faire face aux conditions difficiles.

Un voyageur nocturne
Comme plusieurs animaux, le poisson-lanterne quitte la zone du crépuscule la nuit. Dissimulé dans la noirceur nocturne, il en profite pour s'alimenter dans les eaux de la surface, plus riches en nourriture.

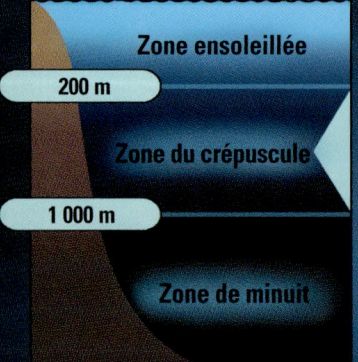

Zone ensoleillée

200 m

Zone du crépuscule

1 000 m

Zone de minuit

Pêcheur des profondeurs
La baudroie des profondeurs, qui vit entre 300 et 4 000 m sous la surface, porte sur le dessus de son crâne un appât contenant des bactéries bioluminescentes. Grâce à cette canne à pêche originale, la baudroie attire les proies vers sa large gueule.

La bioluminescence

Au cœur de la zone du crépuscule, 9 animaux sur 10 utilisent un procédé chimique leur permettant de créer leur propre lumière. Ce procédé s'appelle la bioluminescence. Les lumières créées par bioluminescence permettent d'attirer les proies ou d'effrayer les prédateurs. La bioluminescence permet aussi aux individus de la même espèce de se reconnaître et de communiquer entre eux.

Estomac mobile

Avec ses longues dents incurvées, le poisson-vipère embroche les rares proies qui fréquentent la zone du crépuscule. L'estomac du poisson-vipère est si extensible et ses mâchoires peuvent s'ouvrir si grand qu'il est en mesure d'avaler et de digérer une proie presque aussi grosse que lui.

Des lumières trompeuses

Grâce à son ventre parsemé de points de lumière, le poisson-hachette jouit d'un camouflage des plus efficaces. Pour les prédateurs qui nagent en dessous, la lumière provenant du ventre de ce petit poisson se confond avec les faibles lueurs du soleil filtrant à travers la surface.

Un corps invisible

Plusieurs animaux de la zone du crépuscule ont un corps transparent. La pieuvre vitreledonella possède un corps gélatineux, transparent et incolore. Elle peut ainsi échapper à la vue des prédateurs.

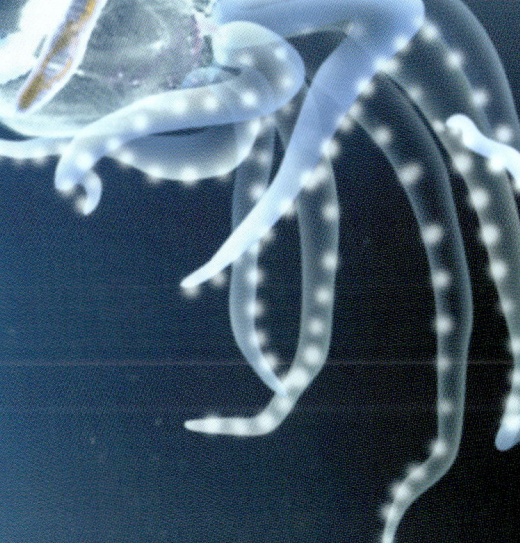

L'union fait la force

Les siphonophores sont des petits animaux lumineux qui vivent accrochés les uns aux autres. Chacun est spécialisé pour remplir une tâche. Pendant que certains capturent des proies, d'autres digèrent la nourriture, permettent le déplacement de la colonie ou participent à la reproduction. Le groupe qui compose le siphonophore géant peut atteindre 40 m de long. Il bat le record du plus grand animal terrestre, la baleine bleue.

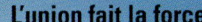

Pionniers des profondeurs

En 1934, les scientifiques William Beebe et Otis Barton descendent là où personne n'était encore jamais allé, à 923 m sous la surface de l'eau. Leur exploit est rendu possible grâce à une invention de leur cru : la bathysphère. Cette sphère en acier d'environ 1,5 m de diamètre, reliée à un navire par un câble d'acier, aura permis aux deux scientifiques d'observer des animaux jusqu'alors inconnus.

Un couple inséparable

Le mâle de la baudroie des profondeurs ne saurait vivre sans sa compagne. Pas plus long que le petit doigt, ce poisson passe toute son existence accroché au corps de sa partenaire, beaucoup plus grosse que lui. Ses dents enfoncées dans la chair de la femelle, il puise dans le sang de sa compagne les éléments nutritifs dont il a besoin pour sa propre survie. Un moyen pratique de faire face au manque de nourriture !

Créatures des profondeurs

La zone de minuit est située à plus de 1 000 mètres de profondeur. Ici, la noirceur est totale, le froid est intense, la pression de l'eau est écrasante et la nourriture est rare. Pour s'adapter à cet environnement hostile, les habitants de cette zone ont pris des allures cauchemardesques. Leur corps est mou et gélatineux pour résister à la pression. Leur bouche est gigantesque pour ne pas rater une seule chance de gober une rare proie de passage. Dans la partie supérieure de la zone de minuit, le phénomène de bioluminescence est encore présent. Toutefois, plus on s'enfonce, plus la bioluminescence est rare. La vue devenant inutile, les animaux vivant le plus profondément sont aveugles ou sans yeux. Ils sont par contre sensibles à la moindre vibration et attendent patiemment la proie qui les frôle dans le noir ou la nourriture qui tombe de la surface.

Éponge précieuse
L'éponge panier de verre, qui ressemble à un magnifique château de cristal, vit accrochée au fond marin. Son squelette délicat est fait de plusieurs petits morceaux ressemblant à des flocons de neige.

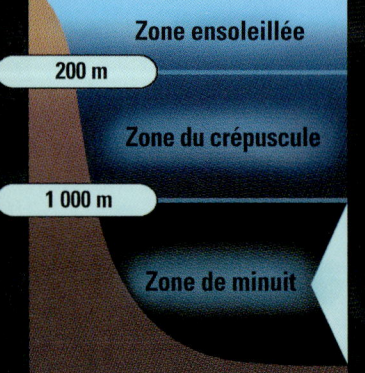

Zone ensoleillée
200 m
Zone du crépuscule
1 000 m
Zone de minuit

Têtard géant
Le grenadier abyssal est le poisson le plus abondant des grandes profondeurs. Ces créatures peuplent le fond de tous les océans du globe. Mesurant près d'un mètre de long, avec une grosse tête et une longue queue, le grenadier abyssal ressemble à un énorme têtard.

Vampire des fonds
L'araignée de mer géante se déplace
sur de longues pattes articulées qui
peuvent mesurer jusqu'à 30 cm. Grâce à sa
bouche en forme de trompe,
elle aspire les vers et les invertébrés
qui se trouvent sur son chemin.

Monstre des profondeurs
Avec son corps pouvant mesurer jusqu'à 16 m de long (incluant
les tentacules) et ses yeux de 25 cm de diamètre, le calmar
géant a tout du monstre marin ! On a parfois retrouvé son
cadavre sur le rivage, mais jamais il n'a été vu vivant !

Une gueule grande ouverte
Le corps du grandgousier à poche de pélican
ressemble à une énorme tête fendue par une
gueule gigantesque. Comme la nourriture
est rare autour de lui, le grandgousier
ne laisse passer aucune proie. Il nage
en gardant son énorme bouche
constamment ouverte.

Poisson à pattes
Le poisson tripode, qui peut
mesurer jusqu'à 30 cm de long,
repose souvent au sol sur ses trois
longues nageoires fines et rigides. Il
reste ainsi complètement immobile
pour mieux détecter l'odeur de la
nourriture ou les vibrations de l'eau lui
indiquant la présence d'une proie.

Un plongeur extraordinaire

Le cachalot vit près de la surface
des océans. Comme tous les
mammifères marins, il doit respirer
hors de l'eau. Toutefois, son mets
favori, le calmar géant, vit à plus de
1 000 m sous l'eau. Pour assouvir
son énorme appétit, le cachalot doit
donc plonger plusieurs fois par jour.
Le cachalot peut atteindre 3 000 m
de profondeur, un record chez les
mammifères ! Il peut retenir son
souffle pendant une heure avant de
remonter respirer à la surface.

Oasis au fond des océans

À plus de 2 000 mètres de profondeur, dans un environnement glacial, d'étranges sources crachent des jets d'eau dont la température frôle les 400 °C. Ces fontaines sous-marines, appelées sources hydrothermales, sont situées dans des zones volcaniques, plus particulièrement autour des dorsales océaniques. Elles se forment lorsque l'eau pénètre dans les fissures de la croûte terrestre, se réchauffe au contact du magma et rejaillit dans l'océan tel un geyser. Au contact de l'eau froide, les métaux et les éléments chimiques contenus dans l'eau brûlante forment des nuages de cendre. La cendre se dépose sur le fond en couches successives et crée avec le temps de hautes cheminées. Cet environnement hostile où l'eau bouillante et l'eau glaciale se côtoient est chargé de gaz toxiques provenant des sources. Pourtant, on y trouve une faune dense, variée et unique.

Mollusque gigantesque
Les palourdes géantes se rassemblent par centaines autour des sources hydrothermales. Ces animaux, dont la taille de la coquille peut atteindre près de 30 cm, hébergent des bactéries dans leurs branchies. Ces bactéries utilisent le soufre provenant des sources pour produire la nourriture dont les palourdes ont besoin.

Prédateurs sans merci
Les crabes blancs, dont la taille peut atteindre près de 13 cm, sont les créatures les plus féroces vivant autour des sources hydrothermales. Rassemblés en gigantesques groupes autour des cheminées, ils dévorent aussi bien des bactéries que des crevettes ou des mollusques. Parfois, ils se mangent même entre eux !

Des tours sous-marines

Les cheminées hydrothermales peuvent atteindre des tailles stupéfiantes. La plus imposante jusqu'à ce jour a été découverte au large des côtes de l'Orégon, aux États-Unis. Elle mesure environ 12 m de diamètre et près de 45 m de hauteur, aussi haut qu'un édifice de 15 étages ! Cette tour a été surnommée Godzilla, comme le gigantesque monstre, vedette de cinéma.

Un écosystème unique

De nombreuses bactéries vivent autour des sources hydrothermales. Ces micro-organismes utilisent le sulfure d'hydrogène, un gaz toxique provenant des sources hydrothermales, pour se développer et croître. L'abondance de bactéries attire plusieurs animaux, qui à leur tour nourrissent plusieurs carnivores. Ainsi, les bactéries forment ici le premier maillon d'une chaîne alimentaire exceptionnelle, la seule sur terre à ne pas dépendre du soleil !

Alvin et une étonnante découverte

C'est à bord du submersible *Alvin*, en 1977, que trois chercheurs découvrirent l'existence des sources hydrothermales. À leur grande surprise, ils trouvèrent à 2 500 m de profondeur un attroupement d'animaux étranges et gigantesques ! Les scientifiques firent rapidement le lien entre cette oasis de vie et les sources brûlantes situées tout près. Ils constatèrent que plusieurs créatures possédaient des tubes, des coquilles ou des carapaces pour se protéger de la chaleur et des gaz toxiques. Plus de 300 nouvelles espèces animales furent alors répertoriées.

Un pied dans l'eau bouillante

Le ver de Pompéi est l'animal qui vit le plus près des sources hydrothermales. Ce ver mesurant 13 cm endure les conditions extrêmes mieux qu'aucune autre créature. La température de l'eau à sa tête avoisine 20 °C et la température à son pied, posé directement sur la cheminée, atteint près de 80 °C !

Ver géant

Le riftia, un ver pouvant mesurer jusqu'à 3 m de long, vit dans un tube protecteur près des sources hydrothermales. Sans bouche ni système digestif, il héberge dans son corps des bactéries qui lui fournissent directement la nourriture dont il a besoin.

Un poisson sans écailles

Le zoarcide est l'un des rares poissons vivant près des sources hydrothermales. Son long corps plat et blanc ne possède pas d'écailles. Ce prédateur, qui mesure près de 60 cm de long, nage lentement et se nourrit de petits invertébrés tels que les crevettes.

Populations du froid

Les humains n'oseraient y tremper le petit orteil, et pourtant les océans polaires regorgent de vie, surtout au printemps et en été. Lorsque la glace commence à fondre, les minuscules algues que la banquise tenait prisonnières sont libérées. Cette soudaine abondance de nourriture attire le zooplancton et le krill, qui attirent à leur tour de plus gros animaux comme les oiseaux migrateurs et les baleines. Quand l'hiver revient, plusieurs de ces animaux aquatiques préfèrent migrer vers des eaux plus chaudes. D'autres, comme les manchots, choisissent de rester au pôle Sud l'hiver, loin des gros prédateurs. La plupart des animaux polaires dépendent de la mer pour leur survie. La terre ferme, souvent couverte d'une épaisse couche de glace, n'a presque rien à leur offrir.

Licorne de l'Arctique
Le narval est une baleine rare. Il en existe environ 30 000 dans l'océan Arctique. Mesurant à peine 4 ou 5 m de long, le narval ne possède pas de nageoire dorsale, ce qui lui permet de nager directement sous la banquise sans se blesser. L'unique dent du mâle pousse jusqu'à former une longue corne. Elle est surtout utilisée pour les combats entre mâles.

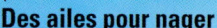

Des ailes pour nager
Le manchot empereur est un oiseau du pôle Sud qui ne sait pas voler. Il est toutefois un excellent nageur, car il utilise ses ailes comme des nageoires pour se propulser jusqu'à 60 km/h sous l'eau. L'hiver, lorsque les températures atteignent -60 °C, plusieurs milliers de manchots se blottissent les uns contre les autres pour se réchauffer.

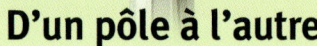

D'un pôle à l'autre

La sterne arctique passe presque toute sa vie à voler ! Chaque année, elle fait une boucle de 30 000 à 40 000 km qui la mène du pôle Nord au pôle Sud. Cette migration lui permet de profiter pleinement de la nourriture abondante et des longues heures d'ensoleillement de chaque pôle, tour à tour, au meilleur moment de l'année. La sterne arctique détient ainsi le record de distance migratoire parcourue dans tout le règne animal !

Bien en chair
Le morse est un mammifère marin de l'Arctique pesant près d'une tonne. Un seul de ses repas peut contenir 4 000 palourdes ! Ses défenses, qui mesurent jusqu'à un mètre de long, lui servent à combattre, à hisser son gros corps sur la glace ou à déloger des coquillages au fond de l'eau.

Maître plongeur
Le phoque de Weddell chasse jusqu'à 600 m de profondeur et peut retenir son souffle pendant près d'une heure. Ce mammifère passe pratiquement tout son temps sous la glace, dans l'eau froide de l'océan Austral. Avec ses dents, il perce des trous dans la glace. Il utilise ces trous pour respirer après une plongée.

Chasseur invisible
L'ours blanc peut mesurer 2,6 m et peser 800 kg, l'équivalent d'une petite automobile. Sa fourrure blanche le rend invisible lorsqu'il chasse sur la banquise. Ce grand carnivore infatigable peut aussi nager pendant des heures à la recherche de phoques ou de poissons.

Terreur polaire
L'épaulard (ou orque) possède des dents pointues et une mâchoire puissante. Ce redoutable prédateur peut poursuivre une proie jusque sur la banquise en glissant sur la glace ou en la brisant sous l'eau avec sa tête. Il s'attaque même aux ours polaires et aux autres baleines !

Poisson des glaces
Comme les centaines d'autres espèces de poissons qui vivent dans les eaux glaciales de l'océan Austral, le poisson des glaces produit un antigel naturel. Son sang contient des molécules spéciales qui s'attachent aux cristaux de glace lorsqu'ils se forment et qui empêchent son corps de geler, même à des températures au-dessous de zéro.

Se garder au chaud
Les animaux des mers glaciales ont des caractéristiques remarquables qui leur permettent de résister au froid. Les phoques et les baleines ont sous la peau une épaisse couche de graisse qui les isole et qui leur sert de réserve d'énergie. Pour se protéger de l'eau glaciale, certains animaux à plumes ou à fourrure sécrètent une huile imperméable. D'autres produisent une sorte d'antigel qui circule dans leur corps.

Mosaïques vivantes

Il existe près de 700 espèces de coraux aux formes multiples. Certains ressemblent à des choux-fleurs, d'autres à des orgues ou à des éventails. Certains sont mous, d'autres durs comme la pierre. Le corail est constitué de polypes, de minuscules animaux appartenant à la famille des anémones de mer. Certaines de ces créatures au corps mou sans squelette sécrètent du calcaire, une substance dure qui forme une véritable armure de protection. Lorsqu'un polype meurt, son armure de calcaire reste intacte. Les grands récifs du monde sont constitués de milliers de générations de polypes morts, empilés les uns sur les autres. Les récifs de coraux attirent une multitude d'animaux qui y cherchent de la nourriture et un endroit sûr pour se cacher. Près du tiers de toutes les espèces de poissons habitent dans ce milieu fragile, menacé par la pollution, le réchauffement planétaire et la pêche.

Une relation vitale

Les belles couleurs des récifs de coraux proviennent des multiples algues microscopiques qu'ils hébergent. Les algues fournissent l'oxygène et la nourriture nécessaire à la croissance des coraux. En retour, les algues utilisent les déchets produits par les coraux comme engrais pour croître. Comme les algues ont besoin de chaleur et de lumière pour vivre, les coraux se développent dans les eaux chaudes et peu profondes. On les trouve près des tropiques, principalement dans les océans Indien et Pacifique.

Tueuses de coraux

Les étoiles de mer appelées couronnes d'épine envahissent les coraux et les dévorent, provoquant parfois la destruction d'une partie du récif. Ces animaux voraces, qui peuvent mesurer près de 80 cm de diamètre, broient le corail pour se nourrir des polypes mous cachés à l'intérieur.

La Grande Barrière de corail

La Grande Barrière de corail d'Australie couvre une superficie totale de près de 350 000 km², soit presque l'équivalent de la superficie de l'Allemagne ! C'est la plus grande construction édifiée par des êtres vivants ! Il a fallu des millions d'années à la Grande Barrière pour se développer. Ainsi, elle serait apparue sur Terre bien avant l'homme…

Les types de récif
Il existe trois types de récifs coralliens : le récif frangeant, le récif barrière et l'atoll. Le récif frangeant longe la côte, alors que le récif barrière est séparé du littoral par une mince étendue d'eau. L'atoll est un anneau de corail entourant une étendue d'eau peu profonde appelée lagon. L'atoll se développe lorsqu'un récif frangeant entoure une île volcanique. Alors que le corail ne cesse de grandir, l'île volcanique est peu à peu grugée par l'érosion et finit par être complètement submergée. Au bout de milliers d'années, l'espace jadis occupé par l'île volcanique est remplacé par une étendue d'eau encerclée de coraux.

Une dentition impressionnante
La puissante dentition du poisson-perroquet lui sert à moudre finement les coraux qu'il mange. Une fois le corail digéré, il est transformé en sable blanc. Le poisson-perroquet excrète entre 1 et 5 tonnes de sable blanc par an, une quantité astronomique !

Coupant comme un rasoir
Lorsqu'il se sent menacé, le poisson chirurgien change de couleur et fait jaillir sur sa queue des épines aussi coupantes que des lames de rasoir. Ce poisson coloré nettoie les coraux en mangeant l'excédent d'algues qui les recouvrent.

Prédateur nocturne
La murène est un poisson féroce qui mesure entre 60 cm et 1,5 m de long. Le jour, elle cache son long corps dans les rochers, ne laissant dépasser que sa tête. La murène attend la nuit pour chasser ses proies.

Service de nettoyage
Le labre nettoyeur se nourrit des parasites encombrant la bouche, les nageoires et les branchies des autres poissons. Les services de ce petit poisson sont si appréciés qu'on fait la file pour en bénéficier. Les labres peuvent servir jusqu'à 2 500 clients par jour, l'équivalent d'environ 2 par minute !

Entre terre et mer

Pour résister aux vagues et aux marées qui les submergent puis les assèchent, les habitants des côtes multiplient les stratégies. Sur les côtes sablonneuses, les animaux se cachent sous le sable humide, à l'abri des vagues, des prédateurs et du soleil brûlant. Sur les côtes rocheuses, les algues et les animaux se cramponnent à la pierre, évitant ainsi d'être emportés par les vagues. Les animaux se réfugient dans les crevasses, les touffes d'algues humides ou les bassins d'eau laissés par la marée pour se protéger du soleil et du dessèchement. Peu importe le type de côte, les habitants doivent toujours surveiller les prédateurs qui viennent de partout : de la mer, de la terre et même du ciel !

Coquillages colorés
D'innombrables littorines peuplent les côtes rocheuses, où elles se nourrissent d'algues. Également appelés bigorneaux, ces petits mollusques à la coquille colorée vivent au rythme des marées. Les littorines peuvent se noyer si elles restent trop longtemps submergées.

Caméra de surveillance
La coque est un type de mollusque. Enfouie dans le sable, elle laisse sortir un tube appelé siphon qui lui permet de respirer. Cette membrane lui sert aussi de périscope pour surveiller les environs tout en restant à l'abri des prédateurs.

Guetteur de fond
La sole vit au fond de l'eau, couchée sur le côté. Ce poisson plat recouvre son corps de sable pour se camoufler. Ses yeux placés sur un seul côté de sa tête lui permettent de surveiller ce qui se passe au-dessus.

Bec fin
L'huîtrier est un oiseau qui fouille les côtes à la recherche de fruits de mer. Quand vient l'heure du repas, il insère son long bec mince dans l'ouverture d'une coquille et l'ouvre d'un coup sec pour dévorer le mollusque caché à l'intérieur.

Dans une simple poignée de sable...

Chaque poignée de sable cache une multitude d'organismes vivants. Entre les grains fourmillent des millions d'animaux et d'algues microscopiques et des milliards de bactéries. Avec un peu d'observation, on peut même apercevoir des dizaines de petits animaux tels que des vers et des écrevisses miniatures.

Travail d'équipe
Les moules vivent en colonies sur les rochers côtiers. Pour résister aux vagues, elles se serrent les unes contre les autres et se fixent à la pierre à l'aide de filaments solides. À marée basse, elles ferment leur coquille complètement pour conserver leur humidité et éviter de se dessécher.

Ver plumeau
La serpule est un ver vivant dans un tube protecteur. À marée haute, ce ver plumeau sort ses tentacules pour attraper ses proies. À marée basse, la serpule disparaît dans son tube, qu'elle bouche avec un tentacule aplati pour éviter le dessèchement.

Bêtes à pinces
À marée basse, les nombreux crabes du littoral se cachent sous les roches, les algues ou dans les bassins d'eau, en attendant le retour de la marée haute. Tous les crabes possèdent huit pattes et deux pinces qui peuvent repousser lorsqu'elles sont arrachées !

Des jardins dans l'océan

Les plantes marines jouent un grand rôle pour la santé planétaire. En plus d'être à la base de la chaîne alimentaire des océans, les milliards d'algues minuscules qui composent le phytoplancton fournissent aux êtres vivants de la planète plus d'oxygène que ne le font les grandes jungles tropicales. Les forêts marines, telles que les mangroves, le varech et les herbiers, protègent le littoral contre l'érosion, les vagues et les courants. Ces jungles sous-marines fournissent un habitat stable aux petits animaux et servent de cachettes contre les prédateurs.

Les algues

Il existe 25 000 espèces d'algues marines. Ces plantes n'ont ni tige, ni feuilles, ni fleurs, ni racines. Comme les plantes terrestres, elles contiennent de la chlorophylle, un pigment vert qui leur permet de capter la lumière du soleil pour croître et produire de l'oxygène. Alors que certaines algues flottent librement à la surface des océans, d'autre se fixent aux rochers à l'aide de crampons.

Les mangroves

On appelle mangroves les grandes forêts d'arbres palétuviers qui poussent à l'embouchure des fleuves tropicaux. Ces arbres sont les seuls à pouvoir croître dans l'eau salée. Leurs racines, qui s'élèvent hors de l'eau, sont couvertes de milliers de petits trous. Ceux-ci permettent à l'arbre de respirer tout en étant ancré dans la vase sous l'eau. Les mangroves sont parmi les milieux les plus riches de la planète. Dans cet environnement unique, singes et reptiles côtoient poissons et crustacés.

Les forêts de varech et la loutre de mer

Le varech est composé d'algues brunes géantes qui forment d'immenses jungles dans les eaux tempérées. C'est le domaine de la loutre de mer, qui s'y nourrit, y élève sa famille et y dort, entortillée dans les algues.

Les herbiers

Les herbiers sont de grandes prairies sous-marines situées au fond des eaux calmes, peu profondes et claires. Contrairement aux algues, ces herbes possèdent des racines ancrées dans la vase et des fleurs qui s'épanouissent sous l'eau. Les herbes atteignent environ 1,2 m de haut. Elles abritent des animaux rares, comme le dugong, un mammifère marin qui se nourrit d'herbes.

Un grimpeur insolite

À l'aide de ses nageoires utilisées comme des pattes, le poisson promeneur peut sortir de l'eau et grimper sur les palétuviers pour gober des insectes ! Il peut se déplacer plus rapidement sur terre que dans l'eau ! Le poisson promeneur transporte une provision d'eau dans sa bouche pour l'aider à respirer au cours de ses promenades.

Un bon tireur

Le poisson-archer habite les mangroves où il se nourrit d'insectes. Avec beaucoup de précision, il peut cracher un petit jet d'eau sur un insecte posé sur un palétuvier. Déséquilibré, celui-ci tombe à l'eau où il est aussitôt gobé par le poisson.

Algues géantes

Le varech géant est un type d'algues poussant dans les eaux côtières froides comme celles de la Californie. Le varech géant peut mesurer 60 m de long, l'équivalent d'un gratte-ciel de 18 étages ! En plus d'être la plus grande algue du monde, c'est la plante qui pousse le plus rapidement. En effet, les algues grandissent presque à vue d'œil, de 30 à 60 cm par jour !

À la conquête de l'océan

Depuis toujours, l'être humain vit en étroite relation avec la mer. En quête de trésors et de ressources de toutes sortes, il s'est aventuré de plus en plus loin sur l'eau et sous l'eau à l'aide de technologies toujours plus avancées. Encore aujourd'hui, l'homme bénéficie des nombreuses richesses que lui procure l'océan, mais celles-ci s'épuisent peu à peu en raison d'une pêche abusive et de la pollution...

Par-delà les terres

Les humains de la Préhistoire sillonnaient les fleuves à bord de radeaux de roseaux et de troncs d'arbres creux. Les anciens Égyptiens ont été les premiers véritables navigateurs. En 1500 av. J.-C., ils construisaient de grands navires propulsés par des rames et des voiles et parcouraient la mer Méditerranée et la mer Rouge. Les Phéniciens, les Grecs et les Romains de l'Antiquité ont apporté des améliorations considérables aux embarcations des Égyptiens. À bord de leurs galères, ils ont instauré un commerce important de blé, d'huile et de vin entre les grandes villes de la Méditerranée. Il y a un peu plus de mille ans, au Moyen-Âge, les Arabes et les Chinois naviguaient sur le grand océan Indien. À peu près au même moment, les Vikings de Scandinavie exploraient les mers du nord et se sont rendus aussi loin que l'Islande, le Groenland, Terre-Neuve et le continent américain. Peu à peu, avec l'aide d'instruments toujours plus perfectionnés, les grands explorateurs ont réussi à dresser une carte complète de notre monde.

Le phare d'Alexandrie

Le phare le plus célèbre est sans doute celui d'Alexandrie, en Égypte. Mise en service en l'an 283 av. J.-C., cette merveille du monde a résisté à l'assaut des vagues de la Méditerranée durant 1 500 ans. Le phare a été détruit par des tremblements de terre au XIVe siècle. D'une hauteur de 135 m, le phare d'Alexandrie était plus haut que le plus haut phare actuel, un bâtiment de 106 m qui se trouve à Yokohama, au Japon.

LES TRAJETS DES GRANDS EXPLORATEURS

Au XVe siècle, les Européens étaient à la recherche de routes maritimes vers les richesses de l'Inde et de la Chine : soie, épices, bijoux et or. En 1497 et 1498, l'explorateur portugais Vasco de Gama ouvrait la première route des épices en partant vers l'est et en contournant l'Afrique jusqu'en Inde. Entre 1492 et 1504, l'Italien Christophe Colomb a navigué vers l'ouest en suivant des courants qui l'ont mené aux Antilles. Entre 1499 et 1502, le navigateur italien Amerigo Vespucci a exploré les côtes du Brésil et donné son nom au nouveau continent : l'Amérique. En 1522, le bateau de l'explorateur portugais Ferdinand Magellan effectuait le premier tour du monde. Entre 1768 et 1779, l'Anglais James Cook a sillonné l'océan Pacifique et exploré l'Australie, la Nouvelle-Zélande, Hawaii et la Nouvelle-Calédonie.

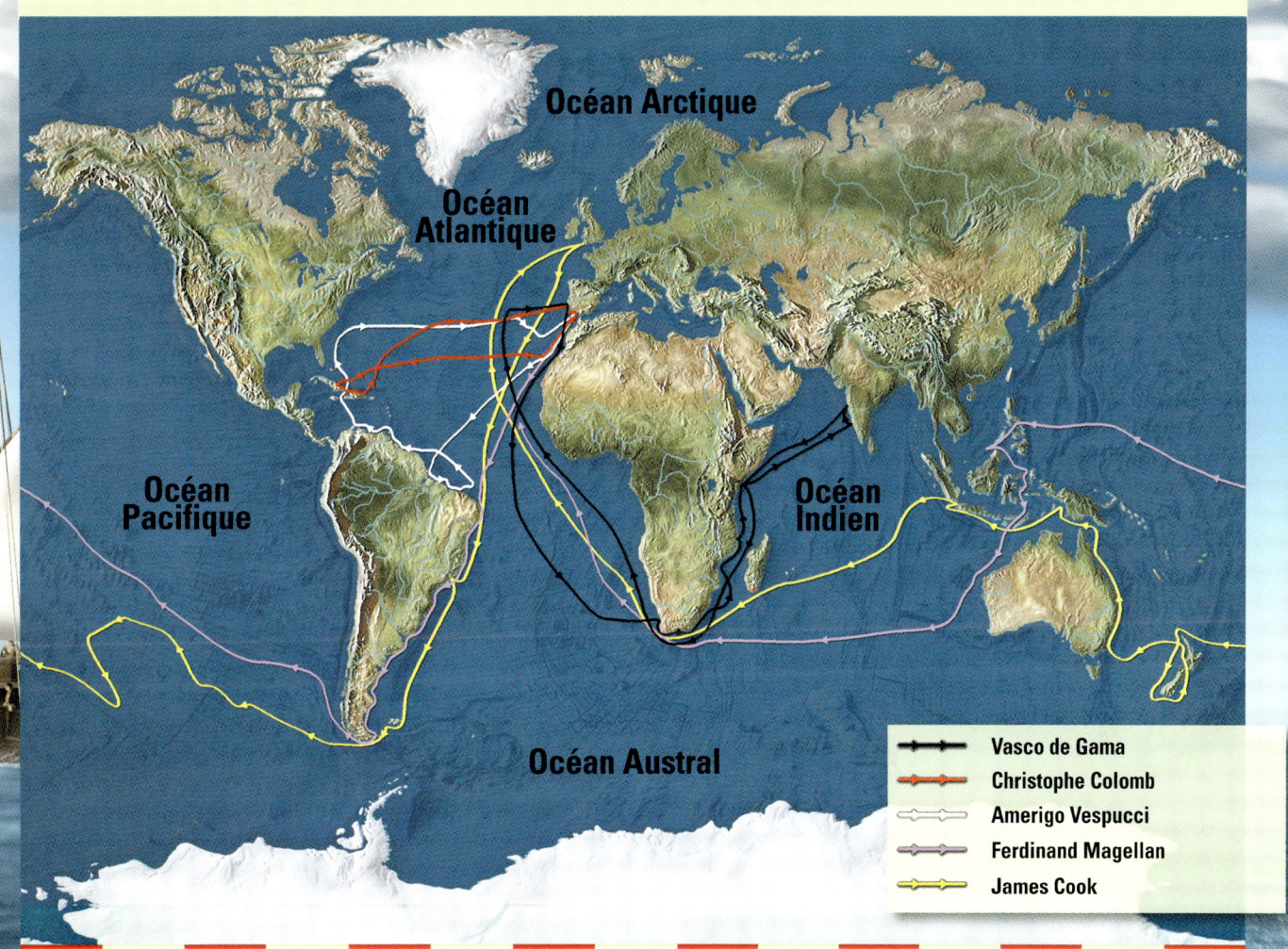

Océan Arctique

Océan Atlantique

Océan Pacifique

Océan Indien

Océan Austral

⟶	Vasco de Gama
⟶	Christophe Colomb
⟶	Amerigo Vespucci
⟶	Ferdinand Magellan
⟶	James Cook

Instruments essentiels

Grâce à l'invention d'instruments de navigation, les premiers navigateurs ont pu s'orienter plus aisément en mer et parcourir des distances de plus en plus importantes. La boussole, créée par les Chinois il y a plus de 2 000 ans, était communément utilisée autour de l'an 1000. Elle permettait de repérer le nord facilement en tout temps. L'astrolabe marin, qui est apparu au XVe siècle, permettait de calculer la latitude, c'est-à-dire la position nord ou sud du bateau par rapport à l'équateur. Le chronomètre maritime, inventé en 1735, calculait la longitude, c'est-à-dire la position est ou ouest du navire. Finalement, le sextant, dont l'utilisation remonte au XVIIIe siècle, permettait aux navigateurs de calculer leur position avec plus de précision.

Mystères dévoilés

Depuis des milliers d'années, les êtres humains fouillent les profondeurs marines à la recherche de nourriture, de perles, de coquillages et de trésors prisonniers des épaves. Déjà 4 500 ans av. J.-C., les Mésopotamiens (qui occupaient l'Irak actuel) récoltaient des mollusques à 10 mètres de profondeur. Ils pouvaient retenir leur souffle pendant quatre minutes ! Plonger à plus de 10 mètres peut être dangereux sans un équipement spécial. En 1690, le scientifique anglais Edmund Halley inventait une cloche de plongée faite de bois, qui permettait de descendre à 18 mètres de profondeur et d'y rester pendant plus d'une heure. La réserve d'air à l'intérieur de la cloche était renouvelée grâce à un tuyau relié à la surface. Aujourd'hui, les plongeurs vêtus d'un scaphandre spécialisé peuvent descendre à une profondeur de près de 600 mètres. Grâce aux submersibles et aux robots, l'être humain est maintenant en mesure d'explorer les recoins les plus profonds de notre planète, jusqu'à 11 000 mètres sous la surface de l'eau.

L'expédition de *Challenger*
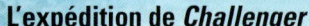

Entre 1872 et 1876, le navire HMS *Challenger* a parcouru 127 584 km sur les océans Pacifique, Atlantique et Indien. Sa mission était d'estimer les profondeurs des océans et de connaître un peu mieux ce qu'ils cachaient. Les températures, les courants, la salinité et les profondeurs ont été mesurés à divers endroits dans le monde et des échantillons de vie marine et de sédiments ont été récoltés. Cette grande expédition a recueilli plus d'informations sur les océans que toutes les autres qui l'ont précédée. En plus d'identifier 4 417 nouvelles espèces marines, le navire a découvert l'existence de longues chaînes de montagnes sous-marines et de fosses profondes. L'expédition *Challenger* a marqué le début de l'océanographie, la science qui étudie les océans.

Descente au plus profond des abysses

En 1960, à bord du bathyscaphe *Trieste*, Don Walsh et Jacques Piccard ont atteint un point de la fosse des Mariannes situé à 10 916 m de profondeur. Après une descente qui a duré près de 5 heures, le submersible est resté 20 minutes au fond de cet abysse sombre en résistant à l'énorme pression de l'eau. Depuis plus de 40 ans, ce record de plongée n'a jamais été égalé !

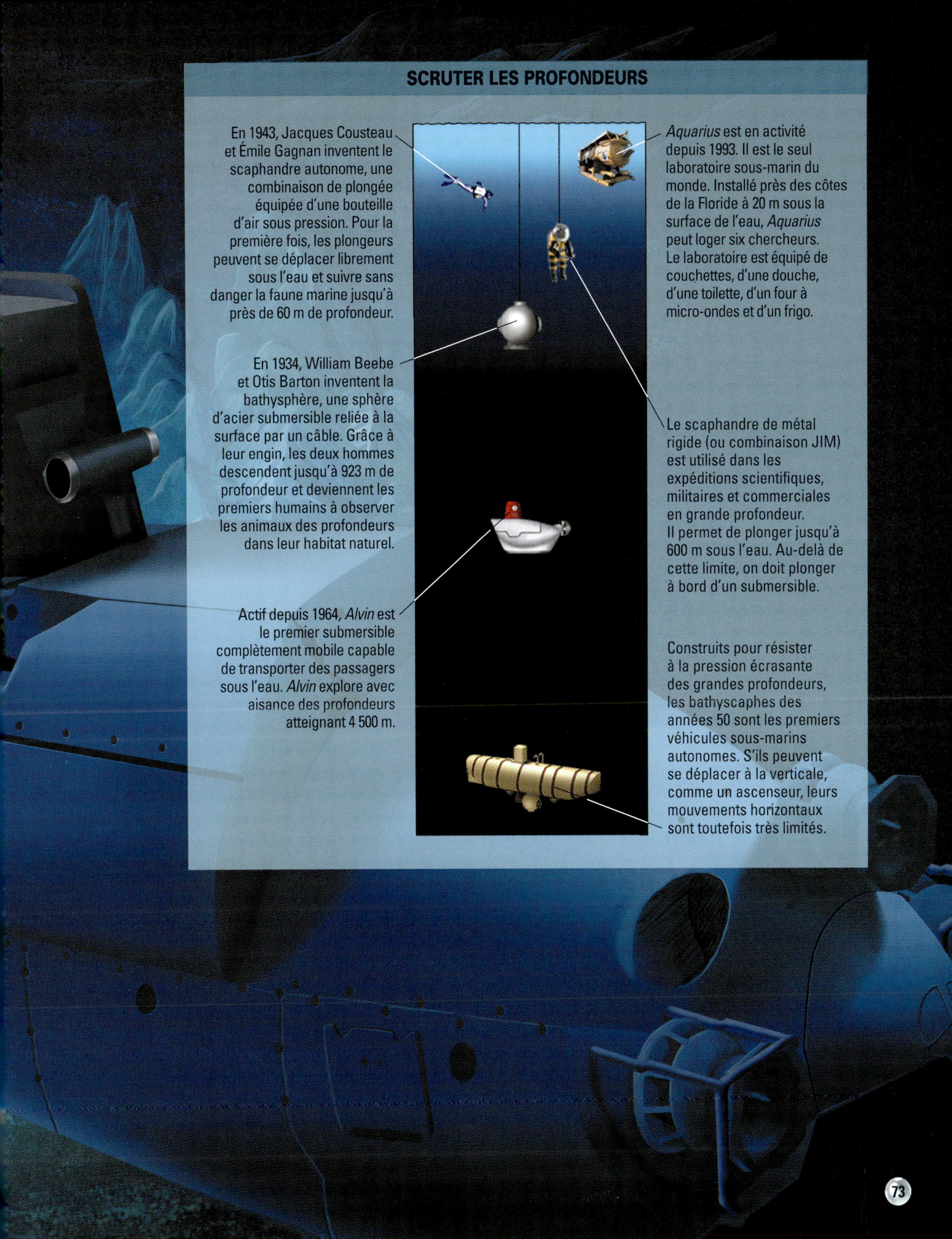

SCRUTER LES PROFONDEURS

En 1943, Jacques Cousteau et Émile Gagnan inventent le scaphandre autonome, une combinaison de plongée équipée d'une bouteille d'air sous pression. Pour la première fois, les plongeurs peuvent se déplacer librement sous l'eau et suivre sans danger la faune marine jusqu'à près de 60 m de profondeur.

En 1934, William Beebe et Otis Barton inventent la bathysphère, une sphère d'acier submersible reliée à la surface par un câble. Grâce à leur engin, les deux hommes descendent jusqu'à 923 m de profondeur et deviennent les premiers humains à observer les animaux des profondeurs dans leur habitat naturel.

Actif depuis 1964, *Alvin* est le premier submersible complètement mobile capable de transporter des passagers sous l'eau. *Alvin* explore avec aisance des profondeurs atteignant 4 500 m.

Aquarius est en activité depuis 1993. Il est le seul laboratoire sous-marin du monde. Installé près des côtes de la Floride à 20 m sous la surface de l'eau, *Aquarius* peut loger six chercheurs. Le laboratoire est équipé de couchettes, d'une douche, d'une toilette, d'un four à micro-ondes et d'un frigo.

Le scaphandre de métal rigide (ou combinaison JIM) est utilisé dans les expéditions scientifiques, militaires et commerciales en grande profondeur. Il permet de plonger jusqu'à 600 m sous l'eau. Au-delà de cette limite, on doit plonger à bord d'un submersible.

Construits pour résister à la pression écrasante des grandes profondeurs, les bathyscaphes des années 50 sont les premiers véhicules sous-marins autonomes. S'ils peuvent se déplacer à la verticale, comme un ascenseur, leurs mouvements horizontaux sont toutefois très limités.

Instruments au service de l'océan

Les scientifiques ont développé des instruments ingénieux pour réduire les dangers de la navigation et pour explorer le monde sous-marin. Depuis l'espace, des satellites recueillent des données essentielles sur les courants et températures de surface, sur la hauteur des vagues et la trajectoire des ouragans. À bord de navires, des radars émettent des ondes spéciales capables de détecter des obstacles comme les îles, les côtes et les autres bateaux. Les ondes envoyées par les sonars, quant à elles, voyagent sous l'eau et révèlent la profondeur et les reliefs du fond de l'océan. Les bouées installées à diverses profondeurs recueillent des données sur la température de l'eau, la pression et les courants de fond. Dans les profondeurs océaniques, des robots munis de caméras vidéo et de bras manipulateurs explorent les zones difficilement accessibles. Reliés à des ordinateurs, tous ces instruments nous envoient une multitude de données. Mises ensemble, elles permettent aux scientifiques de reconstituer un océan virtuel. Enfin, tous ces instruments sophistiqués ne peuvent remplacer l'œil humain, qui observe directement l'océan à travers la vitre d'un masque ou d'un submersible.

Détendeur

Bouteille d'air comprimé

Masque

Caméra vidéo

Montre de plongée

Gonfleur

Gilet de stabilisation

Manomètre

Profondimètre

Détendeur de secours

Le scaphandre autonome

Vêtu de palmes, d'un masque et d'une combinaison qui le garde au chaud, le plongeur s'enfonce dans l'eau. Il gonfle ou dégonfle son gilet pour se stabiliser à n'importe quelle profondeur. Sur son dos, l'indispensable bouteille d'air est munie d'un détendeur qui contrôle le flot d'oxygène arrivant par un tuyau jusqu'à sa bouche. Le manomètre lui indique la quantité d'air restant dans sa bouteille, le profondimètre lui précise sa profondeur et une montre spéciale lui indique son temps de plongée.

LE SOUS-MARIN

Les sous-marins, ou submersibles, sont des véhicules conçus pour voyager sous l'eau. Les premiers sous-marins avaient une fonction militaire. De nos jours, ils sont aussi utilisés pour l'exploration scientifique. Tous les sous-marins plongent et remontent à la surface grâce aux ballasts, des compartiments remplis d'air ou d'eau. Lorsque les ballasts sont remplis d'eau, le sous-marin s'alourdit et il s'enfonce. Lorsque les ballasts sont remplis d'air, le sous-marin devient plus léger et remonte à la surface.

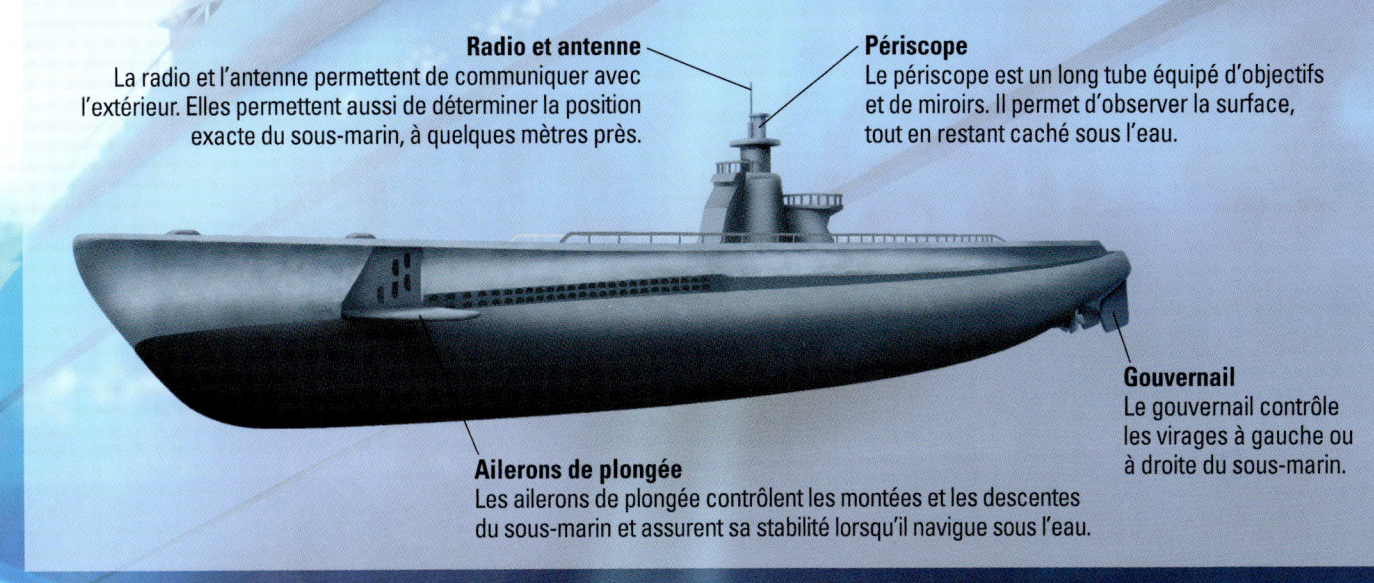

Radio et antenne
La radio et l'antenne permettent de communiquer avec l'extérieur. Elles permettent aussi de déterminer la position exacte du sous-marin, à quelques mètres près.

Périscope
Le périscope est un long tube équipé d'objectifs et de miroirs. Il permet d'observer la surface, tout en restant caché sous l'eau.

Gouvernail
Le gouvernail contrôle les virages à gauche ou à droite du sous-marin.

Ailerons de plongée
Les ailerons de plongée contrôlent les montées et les descentes du sous-marin et assurent sa stabilité lorsqu'il navigue sous l'eau.

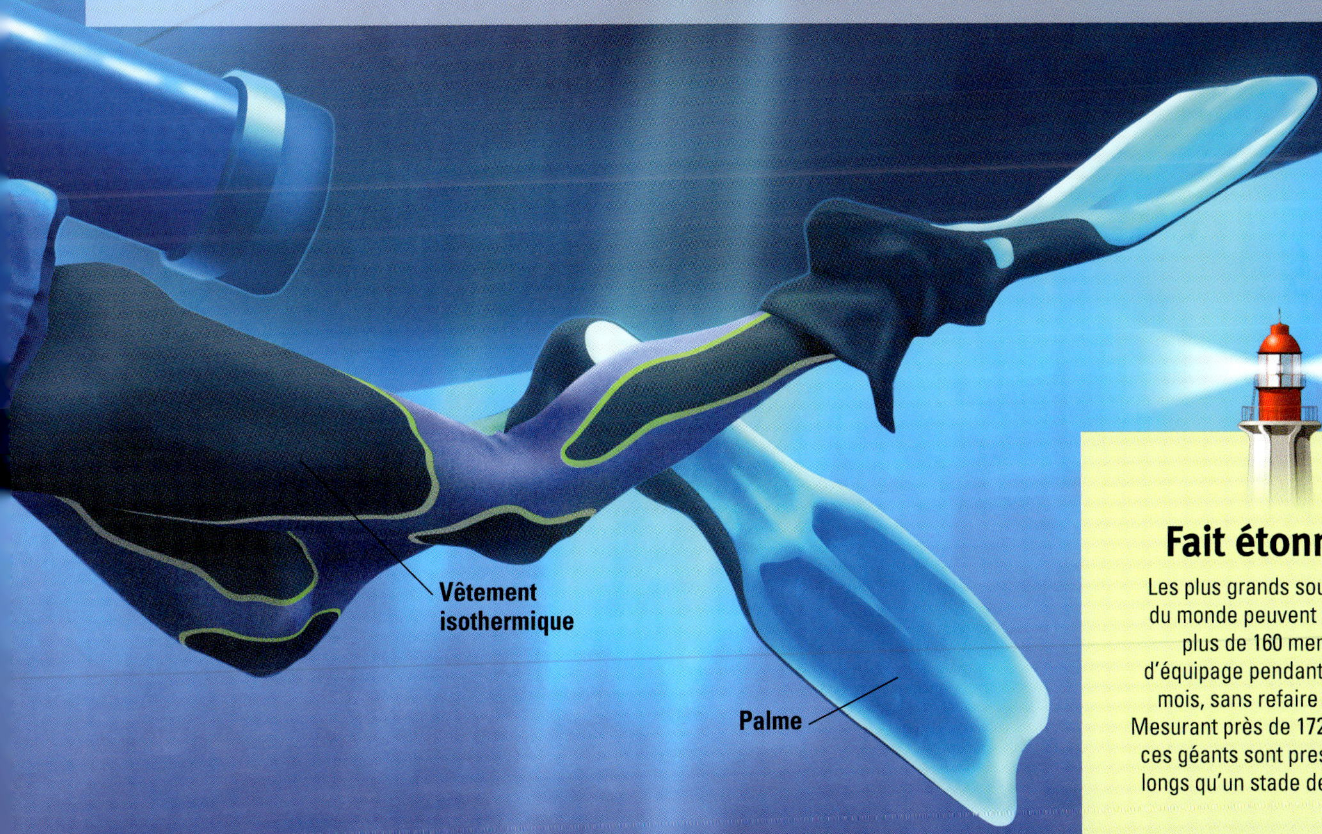

Vêtement isothermique

Palme

Fait étonnant

Les plus grands sous-marins du monde peuvent accueillir plus de 160 membres d'équipage pendant plusieurs mois, sans refaire surface. Mesurant près de 172 m de long, ces géants sont presque aussi longs qu'un stade de football !

Des siècles engloutis

D'anciennes cités et de nombreuses épaves de navires gisent sur le sol marin, recouvertes par les sédiments ou envahies par les végétaux, les coraux et les éponges. En plus d'offrir un refuge à de nombreux animaux marins, ces sites abandonnés sont de formidables témoins de l'histoire, qui nous donnent un point de vue unique sur les civilisations du passé. Les statues, les canons, les poteries, l'or, l'argent ainsi que les vêtements de cuir qui y dorment attirent non seulement les chercheurs de trésors mais aussi les scientifiques et les archéologues sous-marins. Grâce au travail de ces experts, nous apprenons beaucoup de choses sur le mode de vie de nos ancêtres.

Une épave célèbre
Le 14 avril 1912, le plus grand paquebot du monde, le *Titanic*, heurte un iceberg et coule au large de Terre-Neuve. Sur quelque 2 228 passagers à bord, seuls 705 survivent. Ce n'est que 73 ans plus tard, en 1985, qu'une expédition franco-américaine localise l'épave à 3 798 m de profondeur. Depuis, des robots et des submersibles ont ramené à la surface des milliers d'objets provenant de l'épave.

Techniques de fouille

Les épaves peuvent être localisées grâce à des appareils de haute technologie, comme le sonar. Des robots ou des submersibles équipés de dispositifs d'éclairage, de caméras et de bras manipulateurs explorent le site de plus près. L'épave est délicatement nettoyée grâce à un aspirateur géant. Des plongeurs photographient l'épave ou la dessinent à l'aide de crayons de cire sur du papier plastique. Ainsi, les archéologues peuvent dresser une carte montrant l'emplacement de chaque objet. Ces objets sont ensuite remontés à la surface à l'aide de filets, de flotteurs ou de grues. On les numérote, on les étiquette, puis on leur fait subir un traitement particulier pour éviter qu'ils ne soient abîmés par l'air.

Une coïncidence à glacer le sang

Quatorze ans avant le naufrage du *Titanic*, l'écrivain Morgan Robertson publiait un roman racontant l'histoire d'un bateau gigantesque qui heurte un iceberg dans l'Atlantique Nord. Dans son roman, l'accident se produit au cours d'une froide nuit d'avril et le bateau s'appelle… le *Titan*.

L'océan nourricier

Rempli de poissons, de crustacés, de mollusques, d'algues et de sel, l'océan a toujours constitué une énorme source de nourriture pour les humains. Certaines populations installées sur les côtes et les îles s'alimentent presque exclusivement des produits de la mer, surtout de poissons. Aujourd'hui, plus de 90 millions de tonnes de poissons sont pêchées dans le monde. Autrefois, les prises étaient ramenées à terre sans tarder. De nos jours, les bateaux de pêche peuvent rester plusieurs mois en mer. Ce sont de véritables usines flottantes qui nettoient, congèlent et empaquettent les poissons à l'intérieur même du bateau. Certains navires produisent jusqu'à 300 000 boîtes de conserve par jour ! Pour fournir ces usines, d'immenses filets se referment sur des bancs entiers de poissons. Ces techniques de pêche sont extrêmement efficaces, mais menacent la survie de certaines espèces. Les filets emprisonnent aussi accidentellement des animaux comme des oiseaux marins, des tortues, des phoques et des dauphins, qui meurent noyés.

Assiette mortelle

Le fugu, un type de poisson porc-épic, contient assez de poison pour tuer 30 personnes. Au Japon, ce poisson est pourtant considéré comme un délice et le prix d'une assiette peut s'élever à 200 $! Les grands chefs suivent une formation spéciale pour apprendre à cuisiner ce poisson en enlevant ses parties toxiques. Néanmoins, plus de 100 personnes meurent chaque année après avoir mangé du fugu mal apprêté.

La récolte du sel
Pour récolter le sel de mer, on construit des marais salants. Des canaux acheminent l'eau salée vers une série de bassins de moins en moins profonds. Réchauffée par le soleil, l'eau s'évapore en passant d'un bassin à l'autre jusqu'à ce qu'il ne reste, à la fin, que des cristaux de sel. Près de 66 millions de tonnes de sel sont ainsi recueillies chaque année.

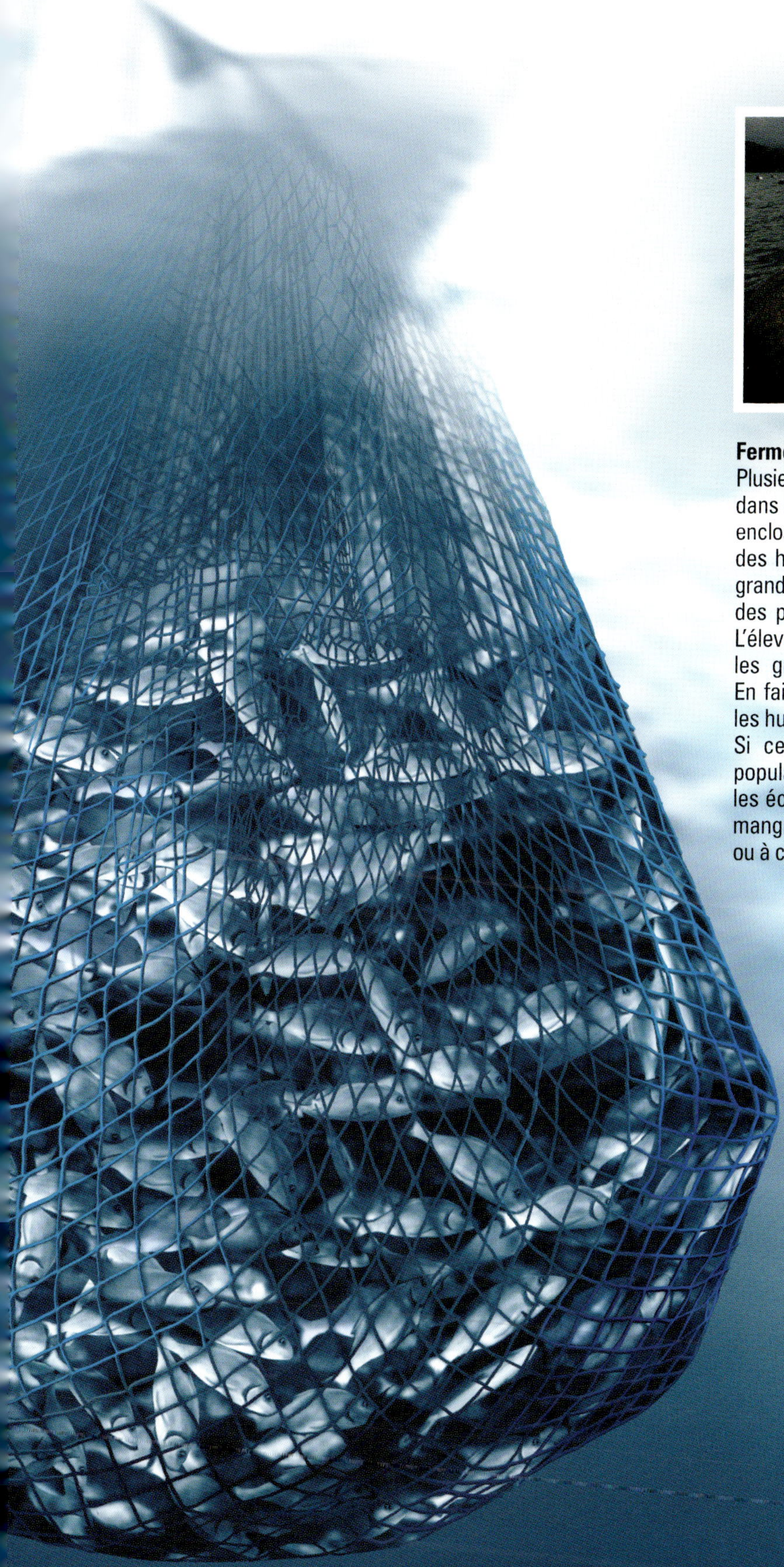

Fermes marines

Plusieurs animaux marins sont élevés en captivité dans les eaux côtières. Ils sont gardés dans des enclos, comme des animaux de ferme. La majorité des huîtres et des moules que l'on consomme grandissent dans des paniers, sur des cordes ou des piquets de bois installés par les humains. L'élevage de la crevette est en plein essor et les grands enclos à poissons se multiplient. En fait, un poisson sur quatre consommés par les humains a été élevé dans une ferme marine. Si ces fermes préviennent l'épuisement des populations sauvages, elles détruisent parfois les écosystèmes côtiers. Ainsi, on a détruit des mangroves pour installer des enclos à poissons ou à crevettes.

La culture d'algues

Les algues sont cultivées sur de grands filets tendus dans les eaux côtières peu profondes. Comestibles, elles sont très riches en vitamines. La récolte sert aussi à l'alimentation des animaux d'élevage et à la fabrication de crème glacée, de dentifrice, de médicaments, d'engrais et de produits de beauté.

Les trésors marins

L'océan cache de nombreuses richesses. Si l'on avait la possibilité de récupérer l'or dissous dans l'océan, on pourrait offrir un lingot d'or de plus de deux kilogrammes à chaque habitant de la Terre ! D'autres trésors comme le corail, les perles et les coquillages sont ramassés depuis la nuit des temps et utilisés comme bijoux, monnaies, décorations et récipients. Ces ressources de l'océan ont une grande valeur aux yeux des humains, mais on oublie trop souvent qu'elles proviennent d'êtres vivants. Une récolte abusive peut menacer leur survie.

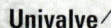

Univalve

Les éponges

Le squelette de l'éponge a la particularité de retenir beaucoup d'eau. Les éponges sont utilisées depuis des milliers d'années pour le bain et le nettoyage. Les soldats romains de l'Antiquité transportaient des éponges pleines d'eau qui servaient de gourde pour « éponger » leur soif ! Aujourd'hui, l'utilisation d'éponges synthétiques aide à prévenir le déclin des populations d'éponges naturelles.

Les nodules

Les nodules sont de gros cailloux noirs contenant des métaux précieux comme le manganèse, le fer, le cuivre ou le nickel. Environ 500 milliards de tonnes de nodules parsèment le fond des océans, entre 4 000 et 6 000 m de profondeur. Dans l'océan Pacifique, on a découvert un champ de nodules presque aussi grand que l'Alaska !

Le corail mou

L'être humain récolte le corail mou depuis les temps préhistoriques. Ce corail, utilisé en bijouterie, ressemble à de petites branches. Le plus précieux est le corail rouge. On trouve le corail mou près des côtes asiatiques et en Méditerranée jusqu'à 300 m de profondeur. Aujourd'hui, ce corail se fait rare et il est récolté toujours plus profondément. Victime de cueillettes exagérées, il est menacé de disparition.

Un coquillage monstre

Le bénitier géant vit près des récifs de coraux. D'une largeur de plus de 1,2 m et d'un poids de plus de 225 kg, c'est le plus gros coquillage du monde ! Certaines légendes racontent que l'énorme mollusque pourrait emprisonner un plongeur insouciant dans sa coquille… Pourtant, le bénitier géant est en réalité un végétarien mangeur d'algues.

Les coquillages

Qu'ils soient en forme de spirale, d'éventail ou de papillon, les coquillages qui parsèment le littoral sont les squelettes extérieurs de mollusques. Ces mollusques fabriquent leur coquille en sécrétant un liquide qui durcit en prenant une forme particulière. Les mollusques univalves, comme la littorine, n'ont qu'une seule coquille, alors que les bivalves, comme les palourdes, ont deux coquilles réunies par un muscle.

Bivalve

Les perles

Les perles proviennent de l'huître perlière, qui habite les océans tropicaux. Les précieuses petites pierres rondes se forment lorsqu'une particule étrangère, comme un grain de sable, se glisse dans la coquille de l'huître perlière. L'animal sécrète alors de la nacre, une substance qui enveloppe la particule étrangère pour empêcher celle-ci d'irriter l'intérieur de l'huître. Avec le temps, les multiples couches de nacre qui se forment autour du débris créent une perle.

Un océan d'énergie

Près du tiers du pétrole et du gaz naturel dans le monde provient de gisements situés sous le fond de l'océan. Ces gisements se sont formés il y a des millions d'années par la décomposition du plancton enseveli sous les sédiments. Le pétrole et le gaz naturel sont essentiels à notre vie quotidienne. Ils font fonctionner nos voitures et aident à générer de l'électricité. Pour exploiter les précieux gisements sous-marins, on installe d'immenses plates-formes de forage dans l'océan. Certaines sont de véritables villes flottantes qui hébergent une centaine de travailleurs pendant plusieurs semaines. Les plates-formes sont conçues pour résister aux vagues de plus de 30 mètres, aux vents de 225 km/h, aux tsunamis, aux tremblements de terre et aux incendies. Les plates-formes les plus productives, situées dans la mer du Nord, le golfe du Mexique et le golfe Persique, extraient des millions de barils de pétrole par jour !

Le forage

Les gisements de pétrole peuvent se trouver à plusieurs milliers de mètres sous le plancher marin. Pour les atteindre, un puits doit être creusé dans le fond de l'océan à partir d'une plate-forme de forage. Un outil rotatif situé au bout d'un long tube gruge la roche sous-marine jusqu'à ce qu'il atteigne le gisement. Le pétrole est ensuite pompé vers la plate-forme. Un pétrolier ou un oléoduc sous-marin l'acheminera vers les côtes.

L'énergie de l'avenir

L'utilisation par les humains du pétrole et du gaz naturel pollue énormément l'environnement, et les réserves de ces ressources s'épuisent. Pour faire face à la demande toujours plus grande d'énergie, les ingénieurs commencent à se tourner vers des sources d'énergie non polluantes et renouvelables. Déjà, des centrales marémotrices utilisent le mouvement des marées pour actionner des turbines qui produisent de l'électricité. Les courants et les vagues pourraient également alimenter des turbines. Sur le littoral, l'énergie des vents côtiers est captée par de grandes éoliennes.

Éolienne

Des gratte-ciel dans l'eau

L'une des plates-formes de forage les plus hautes du monde est située au large de la Louisiane, dans le golfe du Mexique. Elle est fixée au fond de l'eau, à 872 m de profondeur, et s'élève à 128 m au-dessus de la surface. D'une hauteur totale de 1 000 m, cette plate-forme est plus haute que n'importe quelle tour ou n'importe quel gratte-ciel sur la terre ferme !

Un océan malade

L'océan a longtemps été considéré comme une immense poubelle capable de faire disparaître tous nos déchets ! Loin d'être supprimés, les déchets jetés dans l'océan polluent les côtes et dérivent sur des milliers de kilomètres, parfois jusqu'aux pôles. Près de la moitié des polluants marins proviennent de la terre ferme. Les eaux usées, les pesticides, les engrais et les déchets industriels sont emportés par les fleuves jusqu'à la mer. Dans les grands fonds, des déchets nucléaires sont stockés dans des contenants de béton. Une simple fissure dans le béton pourrait provoquer une catastrophe écologique ! Sur les côtes, les développements touristiques et industriels détruisent de nombreux habitats naturels comme les mangroves, les herbiers ou les récifs de coraux. Au large, des tortues sont étouffées par des sacs de plastique qu'elles prennent pour des méduses, des oiseaux sont englués dans le pétrole, des poissons sont intoxiqués et des dauphins sont pris dans des filets de pêche abandonnés.

Du poison dans nos assiettes

Les humains jettent toutes sortes de poisons dans l'océan, dont des pesticides comme le DDT ou de dangereux métaux lourds comme le mercure. Ces produits toxiques sont absorbés par le plancton. Les animaux marins qui se nourrissent du plancton sont ensuite contaminés. À chaque étape de la chaîne alimentaire, la concentration de poison augmente. Les mammifères marins, les gros poissons et les êtres humains, qui sont à la tête de la chaîne, peuvent absorber une quantité de produits toxiques un million de fois plus concentrée que l'eau contaminée à l'origine. On a découvert qu'une exposition à ces substances peut causer des cancers, des troubles du cerveau, des malformations chez les nouveau-nés et de l'infertilité.

Marées noires

Des milliers de tonnes de pétrole peuvent s'échapper d'un pétrolier accidenté, ce qui provoque un type de pollution appelé marée noire. Les marées noires polluent les côtes, tuent les oiseaux et intoxiquent les plantes et les animaux marins. L'épaisse couche de pétrole noir empêche la pénétration des rayons solaires dans l'océan, et affecte ainsi les algues et toute la chaîne alimentaire. En 1989, la marée noire provoquée par le pétrolier *Exxon Valdez* en Alaska entraîna la mort de 250 000 oiseaux, 2 800 loutres, 300 phoques, 250 aigles à tête blanche et 22 épaulards.

Contamination au mercure

Entre 1932 et 1968, une usine déversa du mercure dans la baie de Minamata au Japon. Avec le temps, ce déversement entraîna l'une des plus grandes tragédies humaines et environnementales. Des poissons et des mollusques furent contaminés puis consommés par la population de la région. Des centaines de personnes furent empoisonnées et moururent, dont plusieurs enfants et nouveau-nés. Des milliers d'autres tombèrent gravement malades, plusieurs furent déformés ou paralysés à vie.

Animaux en péril

Chaque jour, des espèces vivantes disparaissent avant même d'avoir été découvertes ou étudiées ! L'être humain est en partie responsable de ces disparitions. La pollution contamine les plantes et les animaux. Elle les rend vulnérables aux maladies et les empêche de bien se reproduire. Peu à peu, la population de certains animaux diminue, puis finit par disparaître. Sur les côtes, nos constructions envahissent les habitats naturels et chassent les animaux marins qui y vivent. La pêche industrielle conduit certaines espèces à la limite de l'extinction. Récemment, les humains sont devenus plus sensibles à la fragilité des océans. Partout dans le monde, des pays adoptent des lois pour réglementer la pêche et la pollution. Des réserves sont créées pour protéger la vie marine. Il existe actuellement plus de 1 000 sanctuaires marins, dont le plus vaste est la Grande Barrière de corail, en Australie !

Manque de nourriture
Le dugong est le seul mammifère herbivore du monde marin. Il se nourrit des herbiers, comme ceux du golfe Persique. Le dugong est aujourd'hui en danger de disparition. Ses réserves de nourriture diminuent dangereusement, affectées par la pollution et les rejets de pétrole.

Victimes de la chasse
Au XXe siècle, les chasseurs ont massacré des millions de baleines pour leur chair et leur huile. Malgré l'adoption d'une loi interdisant leur chasse en 1986, la baleine bleue et la baleine franche sont près de l'extinction. La baleine franche boréale est parmi les espèces les plus menacées. Il en reste entre 7 000 et 12 000 dans le monde.

Pêche accidentelle

Environ le quart des prises des pêcheurs n'est pas voulu et est rejeté à la mer. Plus de la moitié de ces prises accidentelles ne survit pas, dont plusieurs oiseaux et mammifères marins. Les appâts des pêcheurs tuent 250 000 oiseaux marins chaque année. La pêche aux crevettes est particulièrement sans pitié : pour 1 kg de crevettes capturées, près de 5 kg d'autres animaux marins sont tués !

Un animal disparu

Le grand pingouin, un oiseau marin incapable de voler, a longtemps vécu dans l'Atlantique Nord. Il est aujourd'hui disparu. Chassé à l'excès pour ses plumes et sa chair aux XVIᵉ et XVIIᵉ siècles, on ne le rencontre plus depuis 1844.

Pris au piège

Les vaquitas sont des petits marsouins vivant uniquement dans le golfe de Californie, au Mexique. La population de vaquitas, affectée par la pêche et la pollution, est estimée à seulement 500 individus. Chaque année, une cinquantaine de ces marsouins meurent étranglés dans les filets de pêcheurs !

Phoques en danger

Il y a quelques années, des milliers de phoques moines fréquentaient les côtes de la Méditerranée. Aujourd'hui, pas plus de 500 phoques survivent dans ces eaux trop polluées. Le phoque moine est l'une des espèces animales les plus menacées du monde.

Prédateur vulnérable

Chaque année, les humains tuent volontairement ou involontairement 100 millions de requins. En plus d'être pêchés pour leur viande, ils sont chassés comme trophée. Même le redoutable grand requin blanc est victime de sa mauvaise réputation. Il est considéré comme une espèce vulnérable.

Récifs blancs

Selon de récentes études, 58 % des récifs de coraux du monde sont en danger à cause des activités humaines et 25 % ont été détruits ou sérieusement endommagés par le réchauffement planétaire. Les récifs de coraux souffrent de diverses maladies, dont le blanchiment. Le blanchiment est provoqué par le réchauffement planétaire et la pollution des eaux, qui entraînent la fuite des minuscules algues vivant sur les coraux. Comme les coraux ne peuvent survivre sans ces algues, ils deviennent blancs et meurent.

Faits

PRINCIPAUX RELIEFS DU PLANCHER MARIN

Monts sous-marins de l'Empereur

Fosse Kamtchatka-Kouriles

Fosse du Japon

Fosse des Mariannes

Fosse des Philippines

Fosse des Aléoutiennes

Fosse de Porto Rico

Fosse Pérou-Chili

Dorsale médio-atlantique

Fosse de Java

Dorsale Est-Pacifique

Triple dorsale indienne

Fosse de Kermadec-Tonga

Les grandes tragédies maritimes

Avec plus de 1 500 victimes, le célèbre naufrage du *Titanic* fait partie des grandes tragédies maritimes. Toutefois, plusieurs autres naufrages, non moins terribles, semblent avoir été oubliés par l'Histoire. En voici quelques-uns :

- Le 29 mai 1914, le paquebot canadien *Empress of Ireland* est heurté en plein brouillard par un charbonnier norvégien dans le fleuve Saint-Laurent, au Canada. Le paquebot coule en 14 minutes, emportant avec lui 1 012 passagers et membres de l'équipage.

- Le 7 mai 1915, le paquebot *Lusitania*, utilisé pour transporter des passagers et des marchandises entre les États-Unis et l'Angleterre, est torpillé par un sous-marin allemand au large de l'Irlande. La mort de près de 1 200 civils choque les Américains, qui décident alors de se joindre aux Alliés dans la Première Guerre mondiale.

- Le 30 janvier 1945, lors de la Deuxième Guerre mondiale, le paquebot allemand *Wilhelm Gustloff* est torpillé par un sous-marin soviétique dans la mer Baltique. Entre 6 000 et 7 000 réfugiés et marins allemands à bord du paquebot sont tués.

- Le 3 décembre 1948, le navire à vapeur *Kiangya*, surchargé de réfugiés, frappe une mine près des côtes chinoises. Il coule avec 2 750 personnes.

- Le 20 décembre 1987, au large de Manille aux Philippines, le ferry *Dona Paz* entre en collision avec un pétrolier. On estime que 4 340 passagers pourraient y être morts.

Records chez les animaux marins

- Le poisson-lune *(Mola mola)* est l'animal le plus fertile sur Terre. Il pond quelque 300 millions d'œufs à la fois !

- Le crabe-araignée du Japon *(Macrocheira kaempferi)* est le plus grand crustacé du monde. L'envergure de ses longues pattes atteint près de 3 m.

- Le requin-baleine *(Rhinodon typus)* est le plus gros poisson du monde, avec une longueur pouvant atteindre 15 m et un poids de plus de 10 tonnes. Malgré sa taille terrifiante, il est inoffensif et n'avale que du plancton.

- Le régalec *(Regalecus glesne)* est le plus long poisson osseux du monde. Avec un corps mince mesurant plus de 8 m de long et de longues nageoires ressemblant à une crinière rouge, ce monstre marin semble tout droit sorti d'un récit fantastique !

- La femelle du ver marin bonellie *(Bonellia viridis)* mesure près de 1 m de long, mais son partenaire est minuscule. En effet, le mâle mesure à peine 1 mm et vit à l'intérieur de la femelle. C'est la plus grande différence de taille entre les sexes dans tout le monde animal !

- Le quahog nordique *(Arctica islandica)*, une espèce de palourde, peut vivre 220 ans. Ce mollusque possède le record de longévité chez les animaux.

- L'anguille appelée *Abyssobrotula galatheæ* est le poisson vivant à la plus grande profondeur. Cette créature, mesurant 20 cm de long, a été aperçue au fond de la fosse de Porto Rico, 8 400 m sous la surface de l'océan !

- L'hippocampe est le poisson le plus lent. Il se déplace à une vitesse d'à peu près 1 cm à l'heure. L'hippocampe est aussi l'unique animal dont c'est le mâle, et non la femelle, qui donne naissance aux bébés !

- Le requin mako, le dauphin et l'épaulard sont les champions du saut en hauteur. Ils peuvent effectuer des bonds de 6 à 7 m dans les airs, un record !

- Le cri de la baleine bleue atteint 188 décibels. Son chant est plus fort que celui du décollage d'un avion gros-porteur !

Le 12 octobre 2003, Pipin Ferreras, un plongeur d'origine cubaine, s'enfonce sans bonbonne d'oxygène jusqu'à 170 m de profondeur ! Le champion mondial de plongée en apnée « no-limit » est resté 2 minutes 39 secondes sous l'eau.

Il existe plus d'espèces de poissons que d'espèces de mammifères, d'oiseaux et de reptiles combinées.

Chez les humains, le poisson représente une source de protéines très importante. Dans le monde, on mange beaucoup plus de poisson que de bœuf et de poulet.

Sur la Terre, près de 6 personnes sur 10 vivent dans les régions côtières, à moins de 60 km de l'océan.

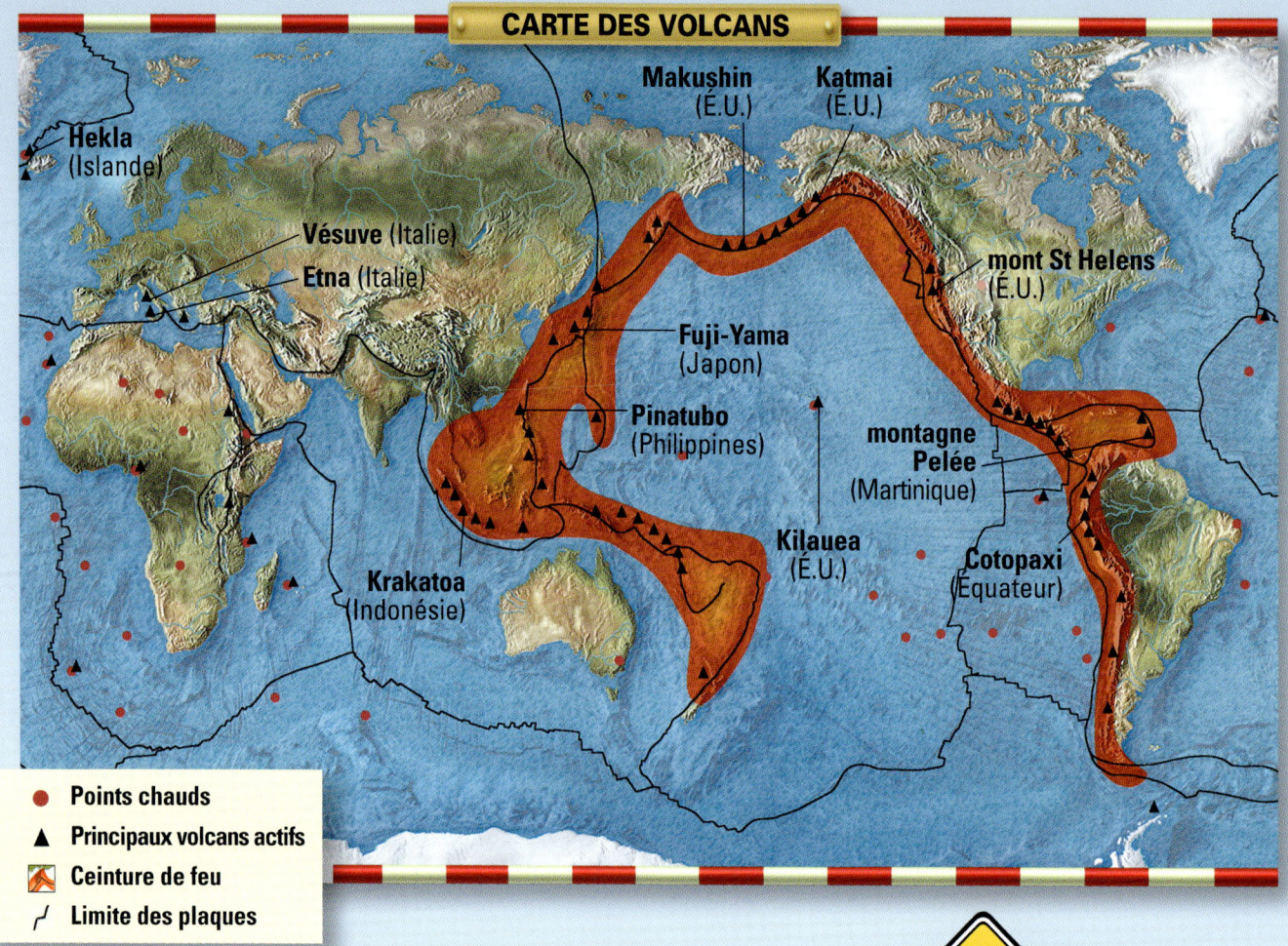

CARTE DES VOLCANS

Hekla
(Islande)

Makushin
(É.U.)

Katmai
(É.U.)

Vésuve (Italie)

Etna (Italie)

mont St Helens
(É.U.)

Fuji-Yama
(Japon)

Pinatubo
(Philippines)

montagne
Pelée
(Martinique)

Kilauea
(É.U.)

Cotopaxi
(Equateur)

Krakatoa
(Indonésie)

● Points chauds

▲ Principaux volcans actifs

Ceinture de feu

Limite des plaques

Danger mortel

- La cub``méduse *(Chironex fleckeri)* est souvent considérée comme l'animal le plus venimeux du monde. Cette méduse habite les eaux du nord de l'Australie et du sud-est de l'Asie. Ses longs tentacules contiennent un venin foudroyant capable d'entraîner la mort d'un humain en moins de 4 minutes !

- Le serpent marin appelé *Hydrophis belcheri* vit dans la mer de Timor, près de l'Australie. Son venin est 100 fois plus venimeux que celui de n'importe quel serpent terrestre. Néanmoins, ce serpent nonchalant ne mord pas les humains, sauf s'il est provoqué.

- Le crocodile marin *(Crocodylus porosus)* est le plus gros reptile du monde. Cette bête féroce pouvant mesurer 7 m de long vit dans les eaux de l'Asie et du nord de l'Australie. Les crocodiles marins dévorent tout sur leur passage, êtres humains compris.

- Sur les centaines d'espèces de requins peuplant les océans, seule une quinzaine sont réellement dangereuses pour l'humain. Le grand requin blanc, le requin tigre et le requin bouledogue sont les plus meurtriers. Ces requins ne pourchassent pas délibérément les humains. Au moment d'une attaque, le requin prend souvent le nageur pour un animal marin. Comme il n'apprécie pas particulièrement la chair humaine, il le relâche après la première bouchée…

L'océan héberge une grande variété d'organismes vivants. Environ 250 000 espèces ont été identifiées jusqu'à ce jour. Dans les profondeurs, on pense que des millions d'espèces restent encore à découvrir.

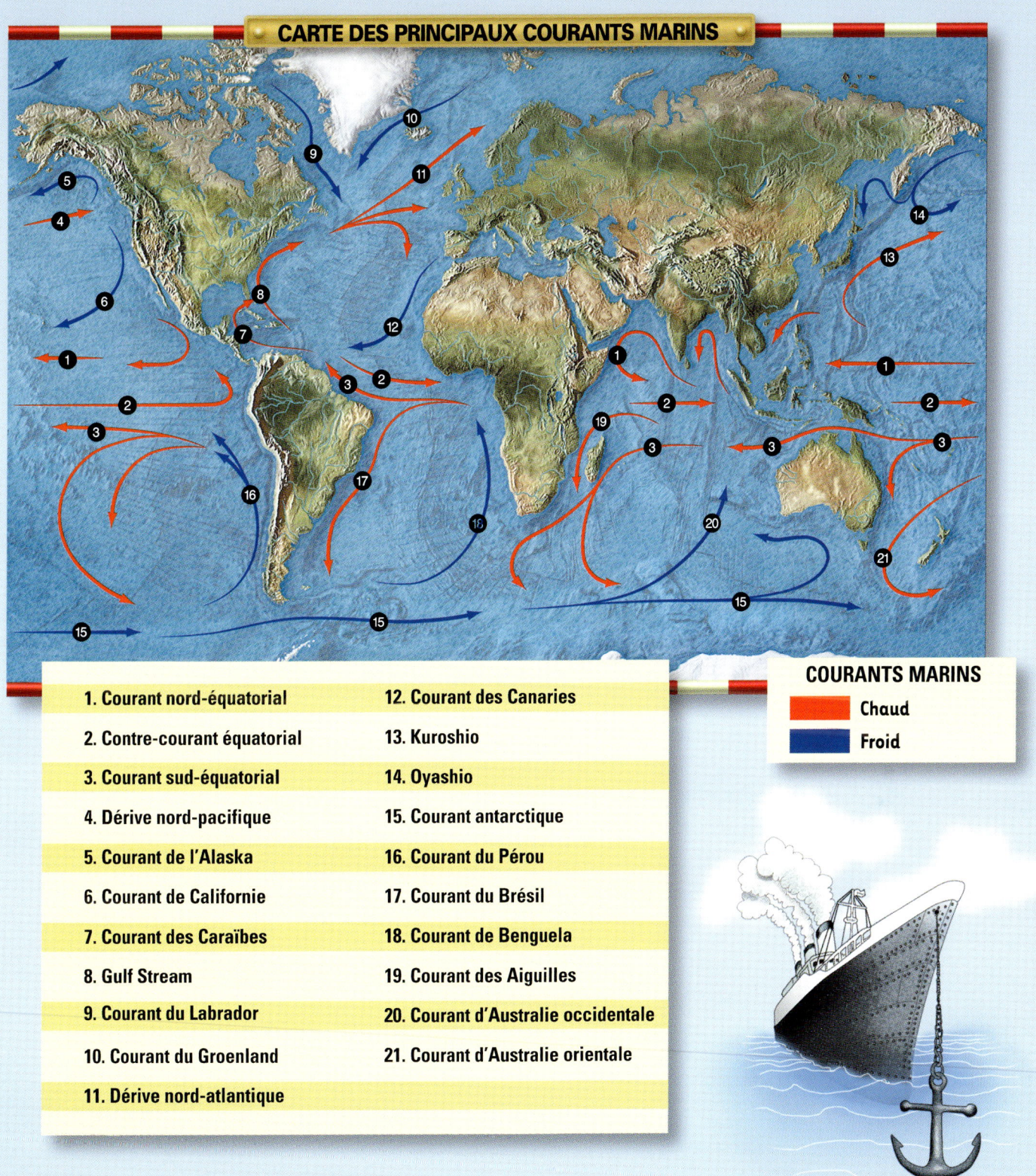

CARTE DES PRINCIPAUX COURANTS MARINS

1. Courant nord-équatorial	**12. Courant des Canaries**
2. Contre-courant équatorial	**13. Kuroshio**
3. Courant sud-équatorial	**14. Oyashio**
4. Dérive nord-pacifique	**15. Courant antarctique**
5. Courant de l'Alaska	**16. Courant du Pérou**
6. Courant de Californie	**17. Courant du Brésil**
7. Courant des Caraïbes	**18. Courant de Benguela**
8. Gulf Stream	**19. Courant des Aiguilles**
9. Courant du Labrador	**20. Courant d'Australie occidentale**
10. Courant du Groenland	**21. Courant d'Australie orientale**
11. Dérive nord-atlantique	

COURANTS MARINS

Chaud
Froid

Chaque année, plus de 142 000 navires chargent et déchargent leur cargaison dans le port de Singapour, le plus actif du monde ! En tout temps, environ 1 000 navires sont ancrés dans ce port.

Activités

Le meilleur moment pour observer la côte et ses habitants est à marée basse, lorsqu'une bonne partie du rivage est à découvert. Comme les heures des marées changent d'un endroit à l'autre et d'un jour à l'autre, consulte une table des marées avant ton départ. Ces tables sont affichées dans presque tous les lieux touristiques. Demande à tes parents de t'aider.

Aussi, pour profiter au maximum de ton séjour d'observation au bord de la mer et éviter les blessures, n'oublie pas les objets suivants :

- **Chapeau**
- **Chaussures antidérapantes**
- **Loupe**
- **Appareil photo**

- **Crème solaire**
- **Jumelles**
- **Petite pelle**
- **Crayon et cahier de notes**

Important!

- **Ne te promène jamais au bord de la mer sans la présence et la supervision d'un adulte.**
- **Ne grimpe pas sur les rochers glissants ou recouverts d'algues.**
- **Ne t'approche jamais des falaises.**
- **Surveille la marée montante et les grosses vagues.**
- **Regarde où tu mets les pieds.**
- **Ne touche pas aux animaux vivants.**

Soulève les roches

De nombreux animaux se protègent du soleil et des vagues en se réfugiant sous les roches. Pour les observer, il suffit de trouver quelques grosses roches humides et de les soulever délicatement. Tu y trouveras peut-être des mollusques tels que les moules et les littorines (aussi appelées bigorneaux) ou encore des crustacés tels que les balanes et les crabes. Replace toujours la roche exactement comme elle était.

Observe les algues

Sur les côtes rocheuses, des algues sont agrippées aux rochers. Observe-les de près, sans les piétiner. Elles sont remplies de petites bulles d'air qui leur permettent de flotter à marée haute. Soulève doucement une algue avec ta pelle. Cache-t-elle des animaux ?

Creuse le sable

Les plages de sable semblent à première vue désertes. Pourtant, elles grouillent de vie ! Il suffit de creuser. De nombreux animaux sont enfouis sous le sable et laissent des traces à la surface, comme des ouvertures d'air. Creuse près d'un trou. Tu y trouveras peut-être des vers de mer ou des mollusques tels que des coques ou des palourdes. Après tes observations, remets le sable à sa place.

Littorine

Algues

Balanes   **Crabe**

Examine les galets

Les galets que tu trouves au bord de la mer sont souvent doux et arrondis. Ils sont polis par le brossage continuel des vagues et le frottement avec le sable et les autres galets.

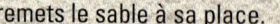

Moule

Coque

Palourde

Fabrique ton masque d'observation

Les bassins d'eau laissés par la marée haute grouillent de vie. Toutefois, la surface de l'eau agit comme un miroir et le reflet du soleil ou ton propre reflet sur l'eau rend difficile l'observation de ces bassins. Fabrique un masque d'observation qui te permettra de voir sous la surface de l'eau.

Matériel nécessaire

- Un gros contenant de lait ou de jus en carton ciré
- De la pellicule plastique
- Du ruban adhésif imperméable
- Deux gros élastiques
- Des ciseaux

Expérience

1. Découpe avec des ciseaux le haut et le fond du contenant. Demande à un adulte de t'aider.

2. Déchire un gros morceau de pellicule plastique, de façon qu'il recouvre complètement une extrémité ainsi que les quatre côtés du contenant.

3. Utilise du ruban adhésif pour coller les bords de la pellicule plastique sur le contenant.

4. Utilise deux élastiques pour faire tenir en place la pellicule plastique près de chaque extrémité.

Comment utiliser le masque

Apporte ton nouveau masque d'observation au moment d'une promenade à la mer. Installe-toi à ton aise et de façon sécuritaire près d'un bassin d'eau, afin d'éviter toute perte d'équilibre. Plonge l'extrémité recouverte de pellicule sous la surface de l'eau. Regarde dans le bassin à l'aide de l'autre extrémité. Observe, sans bouger, les diverses formes de vie évoluant dans le bassin.

Cherche les restes d'animaux marins

Les coquillages dispersés sur la rive prennent toutes sortes de formes. La coquille des coques a la forme d'un éventail. Celle des patelles a plutôt la forme d'un cône. Les buccins possèdent une grosse coquille en spirale. La coquille des littorines (ou bigorneaux) ressemble à celle d'un escargot. Cherche d'autres indices de vie : des plumes d'oiseaux marins, des carapaces vides de crabes, des squelettes d'oursins ou d'étoiles de mer…

Étoile de mer

Patelle

Oursin

Buccin

Observe les oiseaux

Observe à l'aide de jumelles les nombreux oiseaux de mer qui se nourrissent sur la rive. Certains, comme les cormorans, plongent dans l'eau pour attraper des poissons. D'autres, comme les goélands, recherchent des coquillages. Ils les ramassent avec leur bec, volent dans le ciel et les laissent tomber en plein vol pour que leur coquille se fracasse sur la roche. Il ne reste plus, ensuite, qu'à dévorer l'intérieur du coquillage.

Cormoran

Goéland

Examine les bassins d'eau

En se retirant, la marée haute laisse de grands bassins d'eau dispersés ici et là sur les côtes rocheuses. Ces aquariums naturels, souvent peu profonds, te permettent d'observer en toute sécurité le milieu aquatique. Tu y découvriras peut-être des algues, des éponges, des étoiles de mer, des crabes, des anémones de mer et même des petits poissons.

Observe les bouts de bois

Sur la rive, les morceaux de bois rejetés par les vagues et la marée cachent des êtres vivants. Fendille le bois mou à l'aide de ta pelle. Tu y trouveras sûrement des tarets, ces petits mollusques qui creusent des tunnels dans le bois. Observe les longs tunnels des tarets avec ta loupe, puis replace le morceau de bois là où tu l'as trouvé.

Rapporte des souvenirs

Rapporte des souvenirs de ta promenade sur la côte en prenant des notes, des photos et en faisant des dessins de ce que tu as vu. Mais ne rapporte rien provenant du rivage. Rappelle-toi que les coquillages, les algues, les roches et les morceaux de bois ont chacun un rôle à jouer sur la côte. Ils peuvent servir de nourriture ou de cachette à une multitude de petits animaux. Laisse le rivage tel qu'il était avant ton passage.

Glossaire

A

Amphibien
Animal qui peut vivre et respirer à la fois dans l'eau et sur terre.

Antarctique
Continent recouvert de glace qui entoure le pôle Sud de la Terre.

Arctique
Terres et mers qui entourent le pôle Nord de la Terre.

Atmosphère
Couche de gaz qui enveloppe notre planète.

B

Banc
Regroupement de poissons d'une même espèce.

Banquise
Immense étendue de glace flottante située dans les régions polaires.

C

Carapace
Enveloppe dure qui protège le corps d'un animal.

Climat
Ensemble des phénomènes météorologiques propres à une région de la planète sur une longue période de temps.

Colonie
Regroupement d'animaux d'une même espèce.

Colonisation
Installation d'un groupe d'animaux ou d'êtres humains dans une nouvelle région.

Concentration
Regroupement dans un espace restreint.

Courant marin
Déplacement de l'eau des océans dans une certaine direction.

Croûte terrestre
Couche dure qui recouvre la surface de la Terre.

D

Débris
Restes d'un objet ou d'un organisme qui a été cassé ou décomposé.

Décomposition
Processus dans lequel le cadavre d'une plante ou d'un animal pourrit et s'émiette.

Donnée
Information qui provient d'une recherche ou d'une observation.

E

Écosystème
Milieu naturel dans lequel divers êtres vivants interagissent les uns avec les autres.

Équateur
Ligne imaginaire qui entoure la Terre à mi-chemin des pôles et qui sépare l'hémisphère Nord de l'hémisphère Sud.

Espèce
Groupe d'animaux ou de plantes dont les ressemblances naturelles leur permettent de se reproduire entre eux.

Espèce éteinte
Espèce animale ou végétale qui n'existe plus.

Évaporation
Transformation d'un liquide en vapeur.

H

Hémisphère
Chacune des moitiés du globe située soit au nord, soit au sud de la ligne équatoriale.

I

Îlot
Petite île.

Invertébré
Animal qui n'a pas de colonne vertébrale.

L

Latitude
Position nord ou sud d'un endroit ou d'un objet par rapport à l'équateur.

M

Micro-organisme
Être vivant minuscule, visible seulement au microscope.

Migration
Déplacement d'un groupe d'humains ou d'animaux d'une région à une autre.

N

Nutriment
Nourriture ou élément chimique essentiel pour vivre et grandir.

P

Parasite
Être vivant qui se nourrit à l'intérieur ou à la surface d'un autre organisme.

Pôle
Point situé à l'une des deux extrémités de la Terre par rapport à la ligne imaginaire autour de laquelle la planète semble tourner.

Prédateur
Animal qui chasse et se nourrit d'autres animaux.

Pression
Poids de l'eau. Dans l'océan, la pression devient plus forte à mesure que nous descendons vers les profondeurs puisque la colonne d'eau au-dessus de nous s'accroît et devient plus lourde.

Proie
Animal chassé et dévoré par d'autres animaux.

R

Réchauffement global
Augmentation de la température moyenne de la Terre, d'année en année.

Récif
Rocher ou corail situé presque au même niveau que la surface de l'eau.

S

Submersible
Véhicule sous-marin.

T

Tropiques
Régions situées près de la ligne équatoriale où la température est chaude toute l'année. Les tropiques s'étendent 2 575 km au nord jusqu'au tropique du Cancer et 2 575 km au sud jusqu'au tropique du Capricorne.

V

Végétation
Ensemble des plantes qui couvrent une région.

Vertébré
Animal qui possède une colonne vertébrale.

Volcan actif
Volcan en éruption ou volcan susceptible d'entrer en éruption dans le futur.

Volcan éteint
Un volcan qui n'est plus susceptible d'entrer en éruption.

Index

Caractères gras = Entrée principale

Index

Caractères gras = Entrée principale